조이스티치의

갖고 싶은 프랑스 자수

박동미 지음

joystitchの暮らしを彩る可愛い刺繍

パク ドンミ　　訳　小山内園子

刺繍は私にとって、楽しみ、よろこび、情熱、そして満足です。

憂鬱な日には心をなだめ、

悩みの中から連れ出してくれる。

完成した作品からは、喜びと満足を感じさせてくれる。

さらに、もっと、いい作品を作りたいという情熱に

私の時間と人生は、どの瞬間もときめくようになりました。

自分の人生と時間が、刺繍によって“joy”で満たされたように

この本で刺繍を知ったみなさんにも

「ジョイステッチ」となりますように。

joy stitch

Contents

優雅なバレリーナ

Graceful Ballerina

How to make → p.64

コーヒーの香りでいっぱいのキッチンクロス

Kitchen Cloth with Coffee Scent

How to make → p.66

甘いデザートのキッチンクロス

Kitchen Cloth with Sweet Dessert

How to make → p.68

愛らしいメイクアップのイラスト

Lovely Makeup Illustration

How to make → p.70

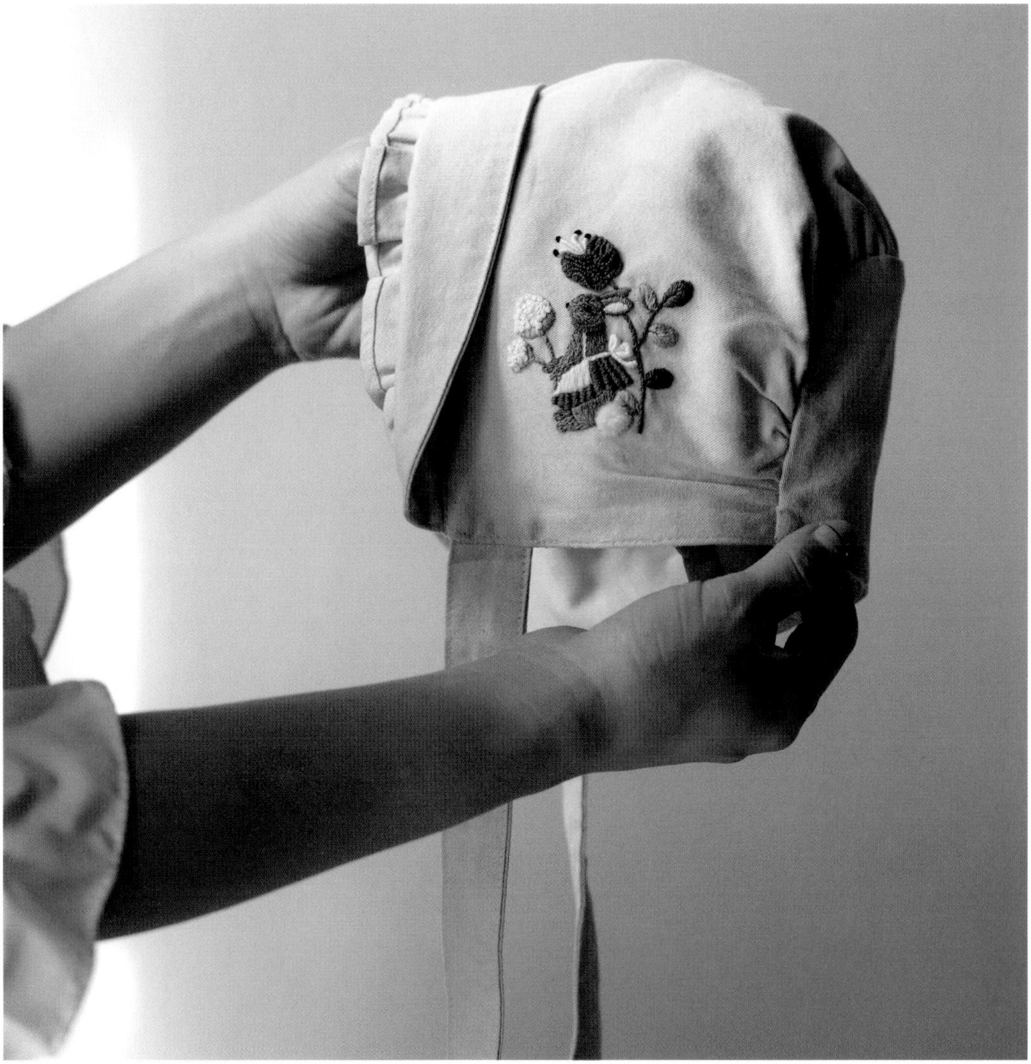

エプロンをつけたかわいいうさぎ

Pretty Rabbit in an Apron

How to make → p.74

かわいらしい小さなお花

Cute Little Flowers

How to make → p.76

お花でできたハート

Heart Filled with Flowers

How to make → p.78

森の午後　くまのティータイム

A Bear's Afternoon Tea Time in the Woods

How to make → p.80

joy stitch

メガネをかけたオッドアイキャット

Odd Eye Cat with Glasses

How to make → p.88

楽しいガーデニングのイラスト

Joyful Gardening Illustration

How to make → p.90

かわいいみつばち

Cute Bee

How to make → p.96

さわやかなブルーの夏のイラスト

Ocean Blue Summer Illustration

How to make → p.98

ラタンのイラスト

Rattan Products Illustration

How to make → p.102

パープルでいっぱいの花刺繍スニーカー

Purple Flower Embroidered Sneakers

How to make → p.106

秋のたたずまいのイラスト

Autumn Vibes Illustration

How to make → p.108

レトロなケトル

Retro Kettles

How to make → p.112

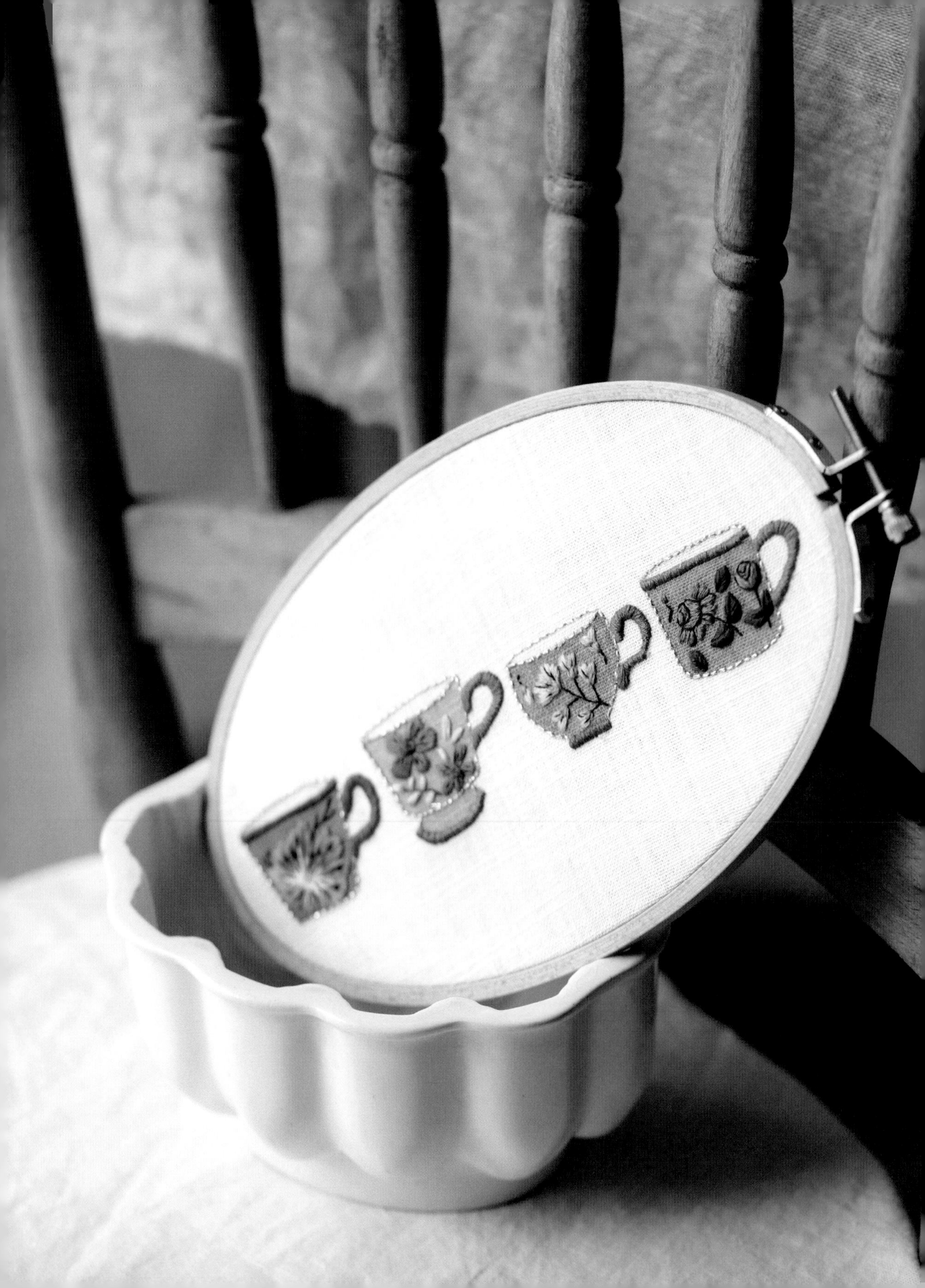

ヴィンテージのティーカップ

Vintage Teacups

How to make → p.116

メンズウェディングのイラスト

Bridegroom Illustration

How to make → p.120

Merry
Christmas

クリスマスカード

Christmas Card

How to make → p.126

雪の降る村

Snowy Village

How to make → p.128

材料と道具の紹介

糸と布

1 **DMC ウール刺繍糸**：ふっくらとあたたかみのあるタペストリーウールで、手編み糸のような雰囲気になる。立体感をしっかり表現したいときに。1本のままで使う。

2 **DMC 4番糸**：他の刺繍糸にくらべて重量感がありマットで、糸の撚りが魅力的なコットン刺繍糸。立体感のある刺繍に使う。この本では1本のままで使用。

3 **アップルトン ウール刺繍糸**：羊毛から作られた、ふんわり華やかな感じを与える色合いの美しい糸。他のウール刺繍糸にくらべて細く、こまかい刺繍によい。

4 **DMC 25番糸**：木綿糸で6本がひとつに撚り合わされている。必要な本数だけ引きそろえて使う。

5 **デンマーク花糸**：あたたかみと落ち着いた雰囲気を持つコットン刺繍糸。DMC25番糸の2本どりに似た太さのマットな糸。

6 **布**：主にリネンや綿生地を使用。リネンや木綿は、あまり伸び縮みしない針通りのよい適度な厚さを持つ布がおすすめ。

マーカーとラメ糸、ゴムの指ぬき

1 **コピック スケッチ**：プロ用の着色マーカー。自然に布にしみこみ、美しい色合いが表現できる。ただし、ファブリックマーカーと違って濡れるとにじむため、小物よりは作品に使用することが多い。しみこみがよいぶんにじみやすいので、図案のラインにそって色をのせるのではなく、まずは内側に着色してにじみ具合を確かめてから、残りの部分を塗りすすめる。

2 **コスモ にしきいと**：高級感のある色合いのラメ糸。番号によって、太さや光沢感にちがいがある。

3 **コスモ ラメ糸**：華やかでキラキラしたラメ糸。柔らかい質感と色合いが美しい。

4 **DMC ラメ糸（ボビン巻）**：適度な光沢と太さで、洗練された印象を与えるラメ糸。

5 **ゴムの指ぬき**：指の保護のために使う。刺しづらいごわつきのある布や針の通りが悪いときに。この本ではスニーカーの刺繍で大活躍。

基本の道具

1 **ウール糸専用針**：ウール糸や太さのある糸に使う針で、太めで針孔が大きい。

2 **クロバー フランス刺しゅう針**：使う糸の本数に応じて太さを選んで使う。25番糸の場合、１～２本どりは８～９番、３～４本どりは５～７番、５～６本どりは３～４番を使用。

3 **トレーシングペーパー**：図案を描き写す際に使用する透写紙。

4 **水溶性の接着芯**：図案が描き写しづらい布や黒い布に使う。芯に図案を描いて布に固定し、その上から刺す。完成後は水につけると接着芯が消える。この本ではスニーカーの刺繍で使用。

5 **チャコペーパー（複写紙）**：布に図案を写すときに使用。

6 **図案写し用の水性ペン**：布に直接図案を描くときに使用。水で落ちる。

7 **ボールペン**：鉄筆と同じように、複写紙に図案を写すときに使う。細字のボールペンのほうがうまく描ける。

8 **刺繍枠**：布に張りを与えてきれいに刺すために使用。

9 **刺繍用ハサミ**：糸のはしの始末に使う。もつれた糸をほどいたり、整えたりするときにも。

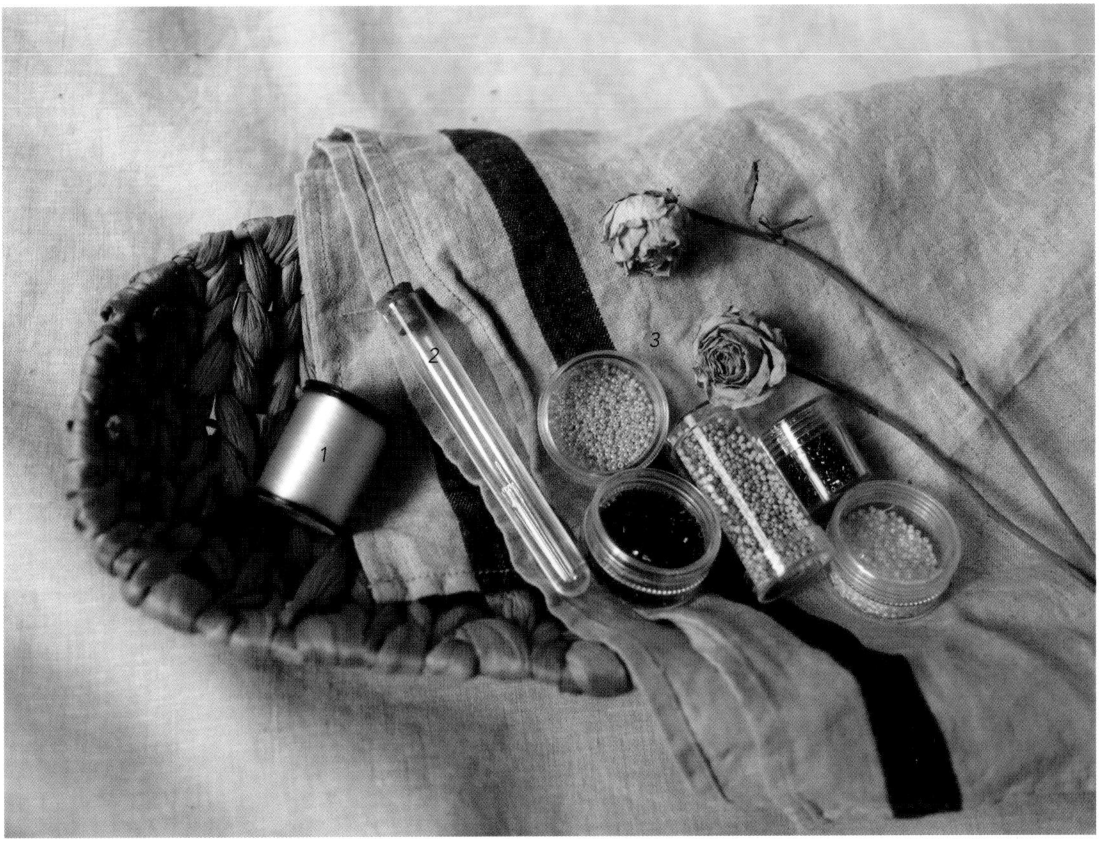

ビーズの道具

1　**ビーズ専用糸**：一般の糸の場合はビーズと同色、または布と同色の糸を２本どりで使う。透明なビーズ専用糸を使うとビーズの周りに糸のあとが残らず、きれいに刺繍できる。

2　**ビーズ専用針**：とても細い針で、さまざまなサイズのビーズを刺繍できる。ただし、細すぎて折れやすい。

3　**ビーズ**：ビーズにはさまざまな大きさや形がある。色合いや立体感が刺繍にアクセントをつけ、表情を出してくれる。本書では２～３㎜のシードビーズを使用。

刺繍の準備

1. 図案を写す

図案の上にトレーシングペーパーをのせて、鉛筆で写す。
布→チャコペーパー→トレーシングペーパー→ビニールまたはセロファンの順に重ね、力を入れてボールペンでなぞる。
写すときはかならず待ち針で固定し、図案が動かないようにする。

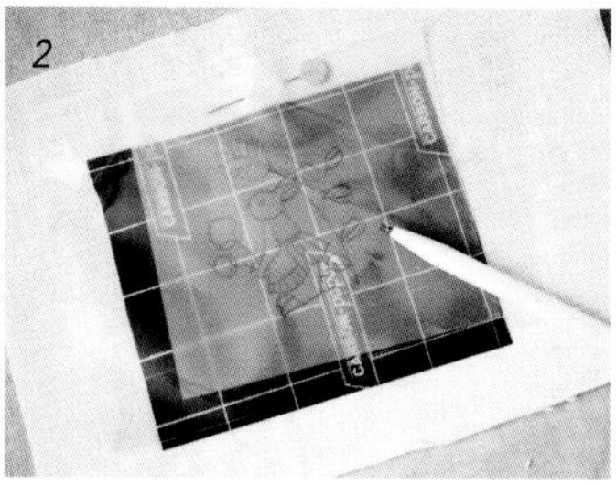

2. 刺繍枠をはめる

枠の内側と外側を別々にして、金具がついていない内側の枠を布の下に置く。
金具がついた外側の枠を布の上からはめ、金具のねじを締めて布に張りをあたえる。

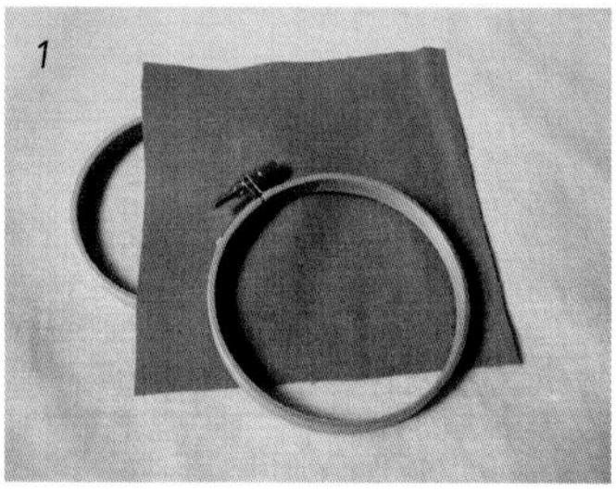

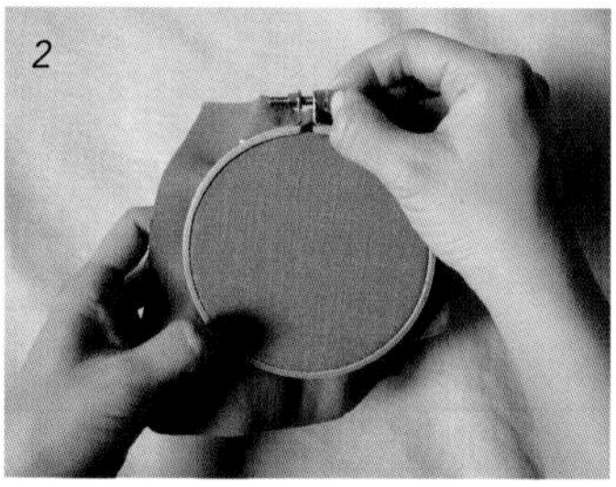

3. 針に糸を通す

刺繍糸を針にひっかけて二つ折りにする。糸の折り山を指で平たくして針孔に通す。

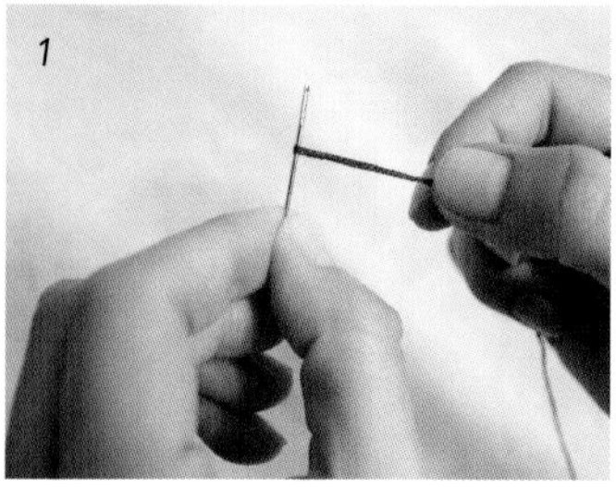

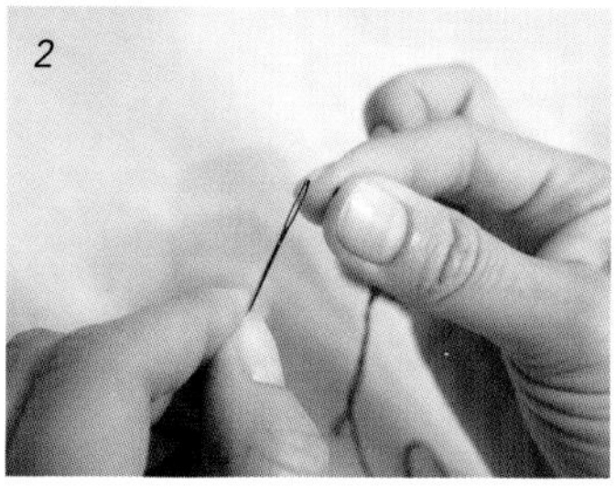

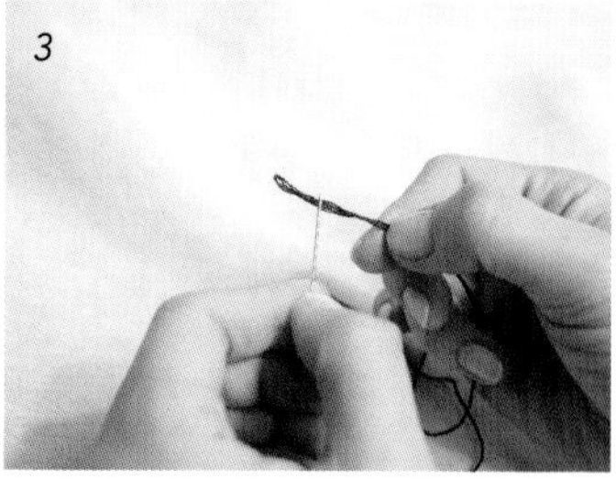

4. 玉結びを作る

糸の端の部分を1cmほど残し、その上に針をのせる。
針に糸を2～3回巻きつけ、巻いた部分を指で押さえて針を最後まで引き抜く。

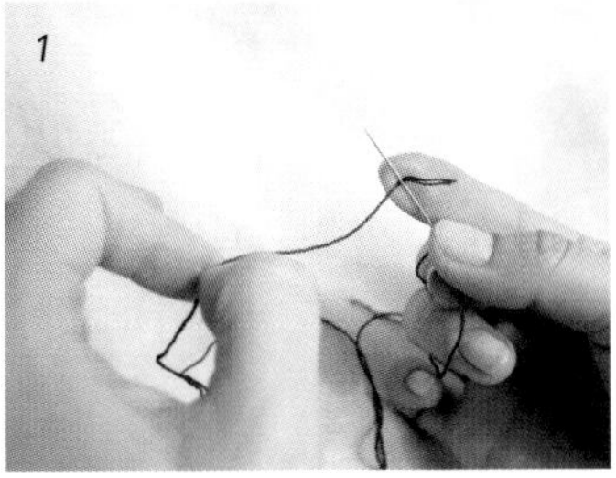
1

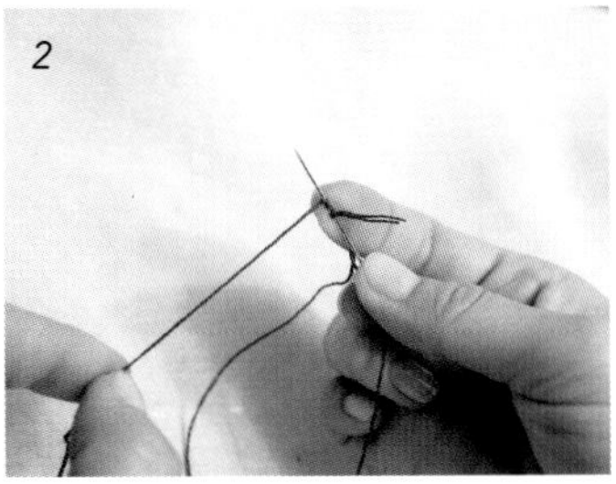
2

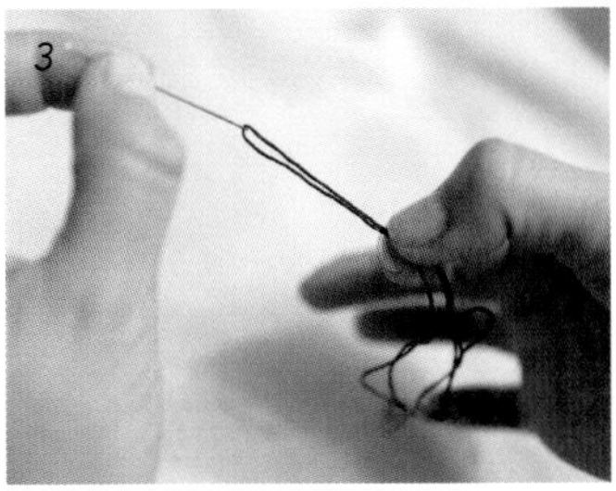
3

5. 糸の始末をする

＊線を刺した場合の始末
裏面に1目ずつ何度か針を通した後で糸を始末する。

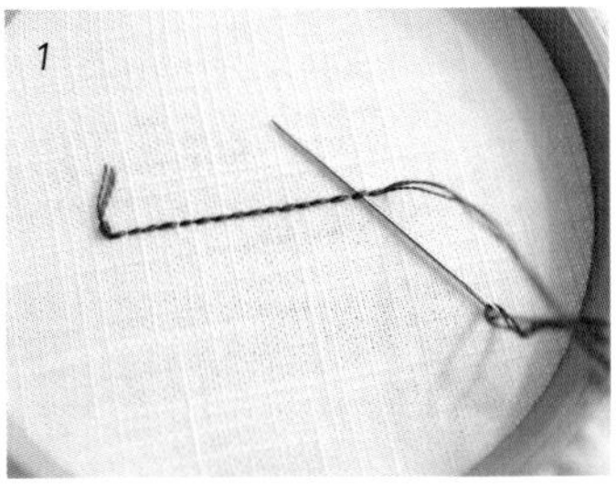
1

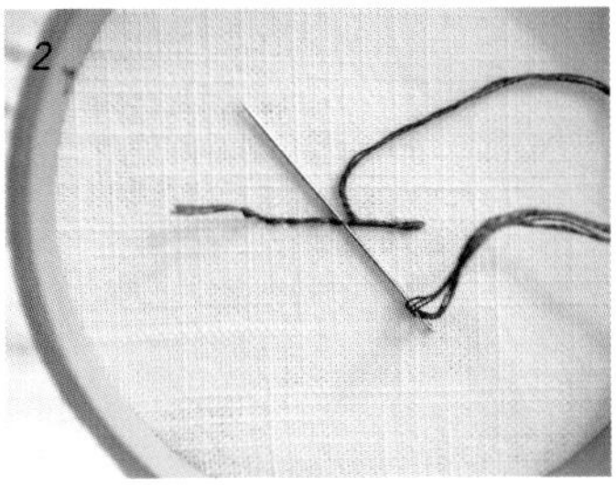
2

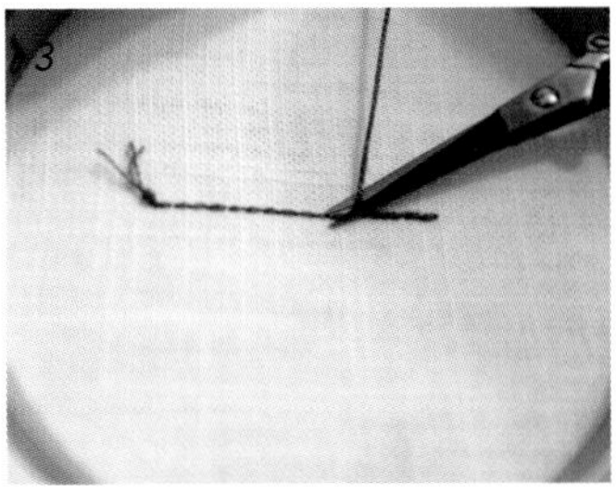
3

＊面を刺した場合の始末
刺繡する表側に玉結びがくるようにし、1目開けて刺す。半分ぐらいまで刺したら玉結びをカットする。
刺し終わったら裏側の糸に何度かくぐらせて、糸をカットする。

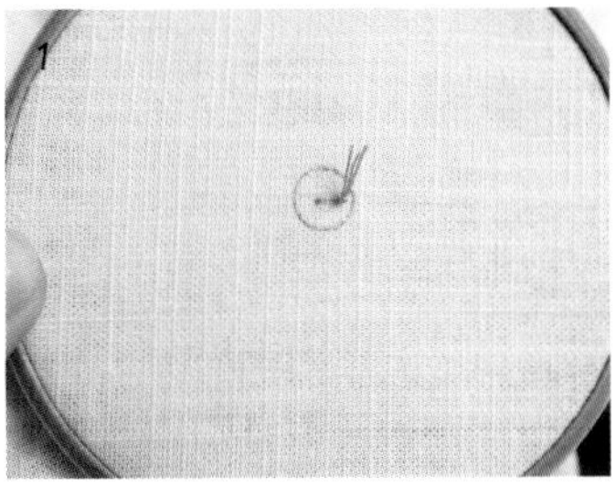
1

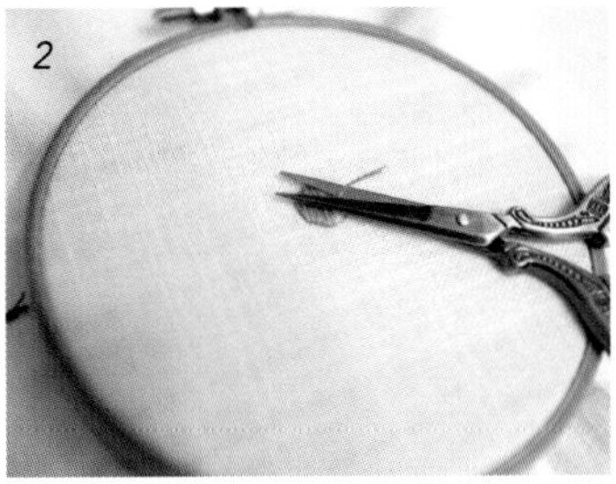
2

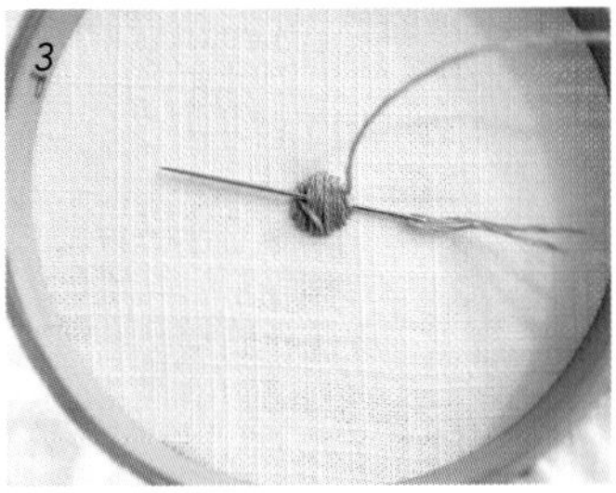
3

刺繍の仕上げ

1. 刺繍枠の額縁を作る

枠の外に３〜４㎝ほど残して、布を円形にカットする。
布の端の部分をぐし縫いし、玉結びをしない状態でしぼって仕上げる。

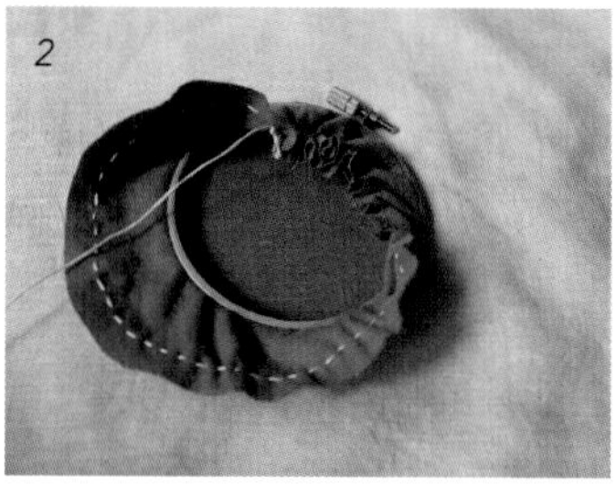

2. キャンバスの額縁を作る

キャンバスのサイズより５㎝ほど余裕をみて布をカットしたあと、しっかり張って四方をガンタッカーで固定する。
布の角とキャンバスの角を合わせて折り返し、ガンタッカーで固定して仕上げる。

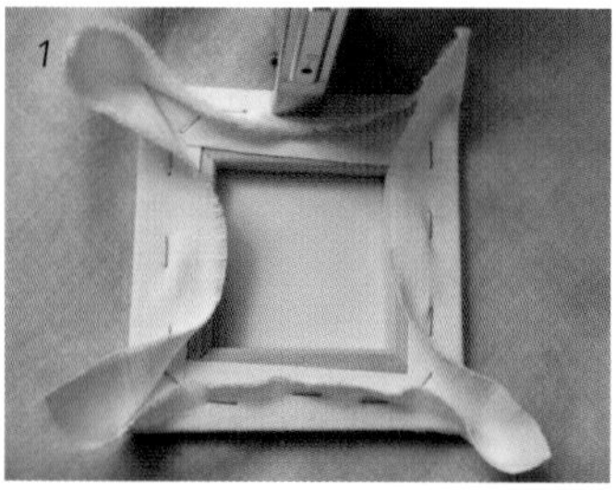

マーカー刺繡の仕方

この本では、図柄のベースとなる部分をマーカーで着彩し、その上から刺繡を施す方法で制作した作品があります（p12-13、28-29、34-35、36-37、38-39）。使用しているのは「コピックスケッチ」です。濡れるとにじむため、飾って楽しむ作品に使用するとよいでしょう。刺繡糸だけで仕上げる作品とはまた違ったかわいらしさがありますので、ぜひ試してみてください。

1

1　着色する前にまず図案を写し、刺繡枠に挟んで準備をする。ファブリックマーカーにくらべてにじみやすいため、布に着色する場合は刺繡枠に挟み、少し浮かせて塗ると、布へのにじみ具合がきちんとわかる。コピックスケッチはにじみやすいぶん、布によくなじんできれいに発色するのが特徴。

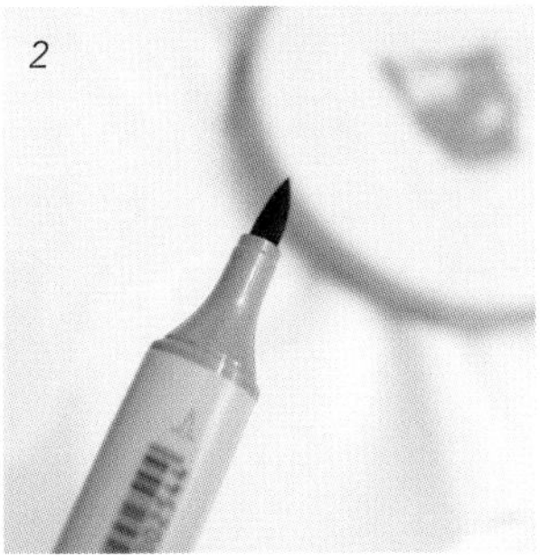
2

3

2　塗りたい部分に、主に筆の形を利用して自然な筆づかいで塗っていく。

3　図案のラインにそって塗ると、にじんで色が図案をはみ出すことが多い。ライン内側に少し余裕をつくり、着色後のにじみ具合を確認しながら塗っていくとよい。

4

5

6

7

4　着色後、色が十分でないところにもう一度きれいに重ね塗りをする。その後、刺繡で仕上げる。着色部分がある作品は、いつも先に着色をすませてから刺繡をすると、きれいに仕上がる。

この本で使用しているステッチ

1. ストレートステッチ　Straight stitch

刺繡の最も基本的なステッチ。好みの長さで1針を縫いとる。

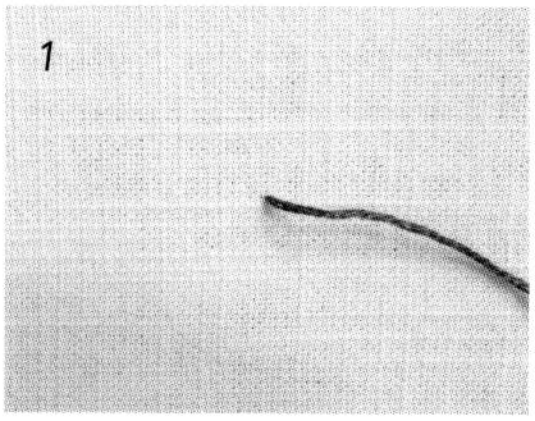

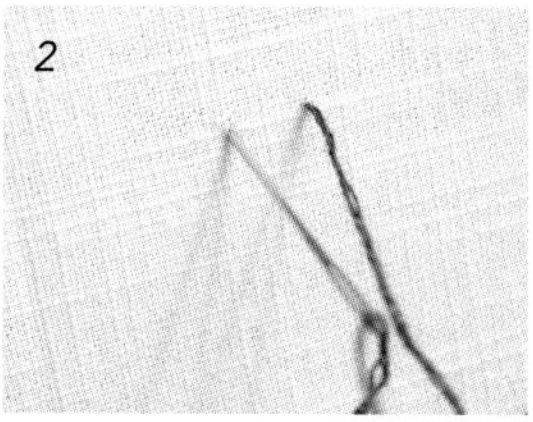

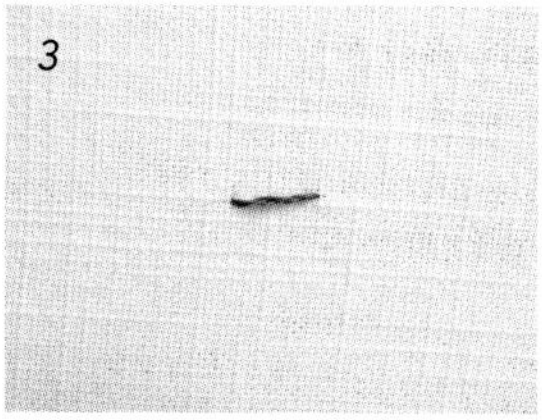

2. ランニングステッチ　Running stitch

一定の間隔で針の出し入れを繰り返し刺していく。

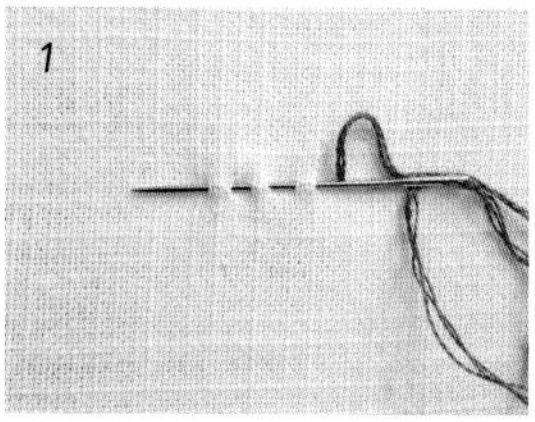

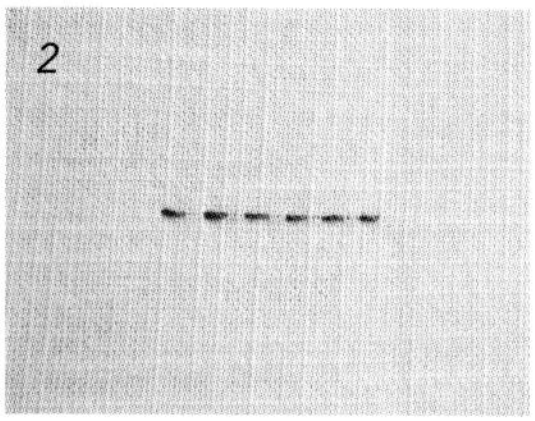

3. アウトラインステッチ　Outline stitch

図案のラインや外枠を表現するときによく使われるステッチ。一定の間隔でねじれができ、縄のように見える。
大きな曲線やカーブでは針目を小さくすると、きれいに刺せる。

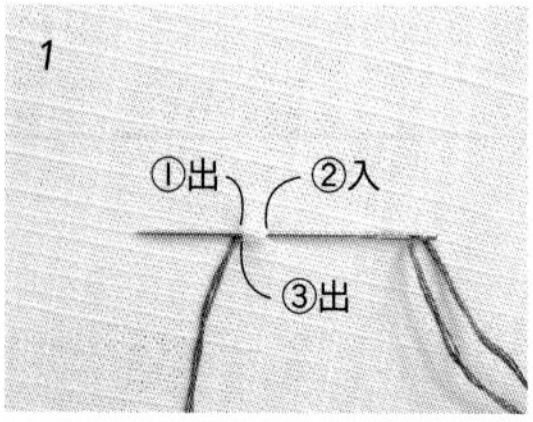

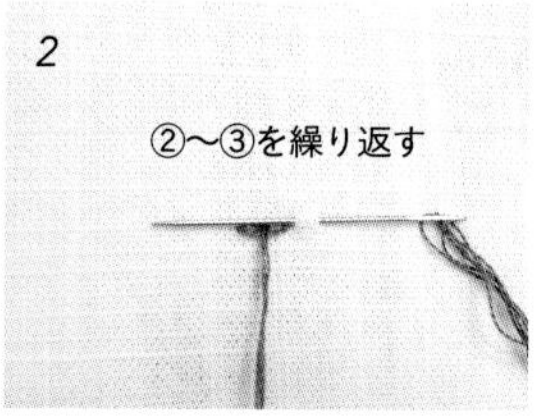

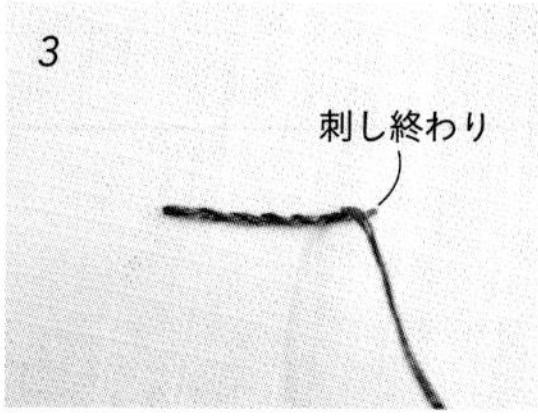

4. アウトラインフィリングステッチ　Outline filling stitch

アウトラインステッチを何列も並べて面を埋めるステッチ。

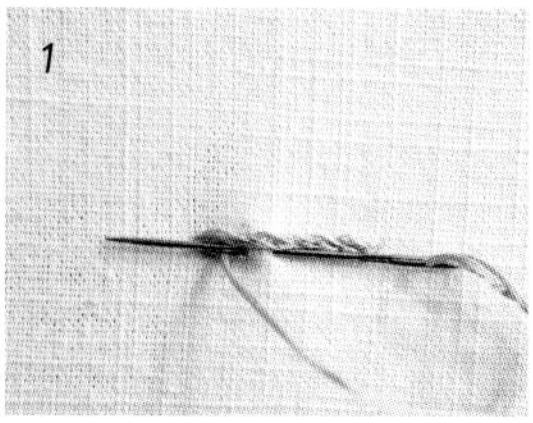

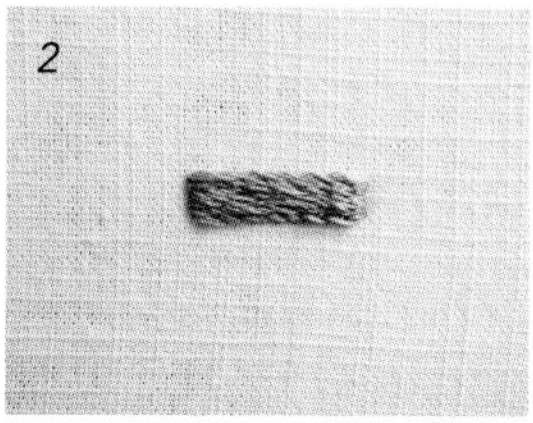

5. バックステッチ　Back stitch

返し縫いとも呼ばれ、くっきりしたステッチ。ラインや文字など、大きなカーブがある図案の刺繍によい。
一針ずつ戻りながら刺す。

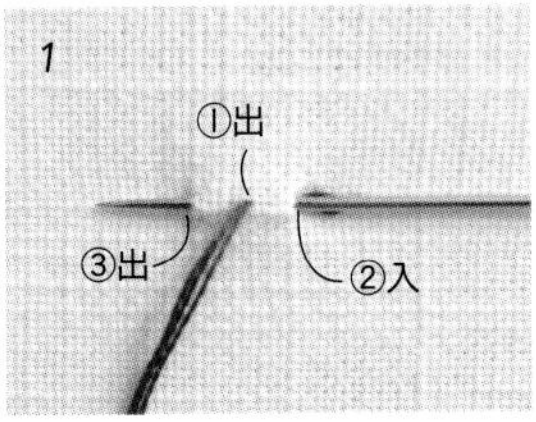

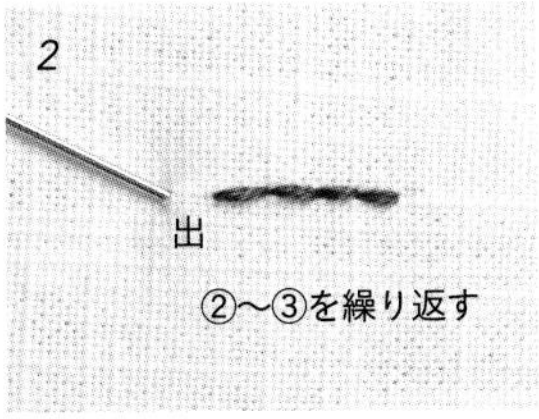

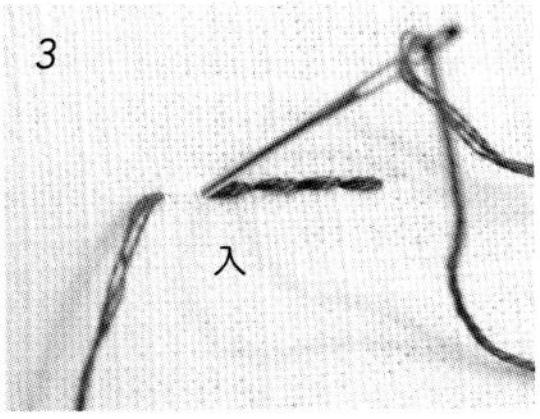

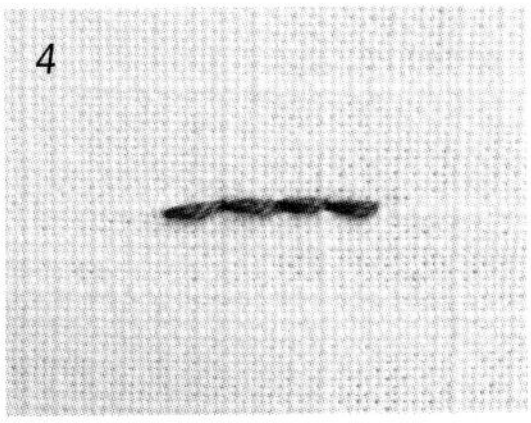

6. バックフィリングステッチ　Back filling stitch

バックステッチで面を埋めるステッチ。
バックステッチの針目が重ならないよう、前のラインとずらして面を埋めていく。

7. ウィップドバックステッチ　Whipped back stitch

バックステッチの1目ごとに別の色の糸をくぐらせ巻きつける。ラインを飾るステッチ。

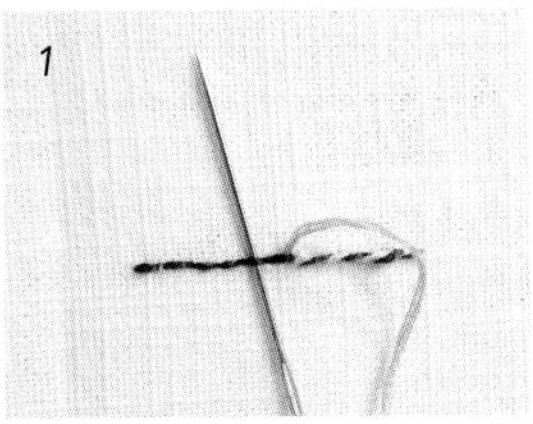

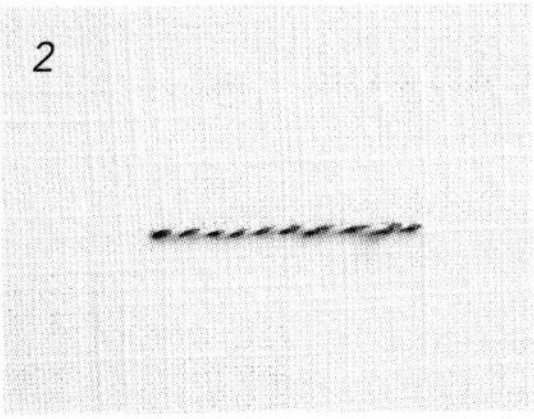

8. レゼーデージーステッチ　Lazy daisy stitch

花びらや葉っぱを表現するときによく使われるステッチ。

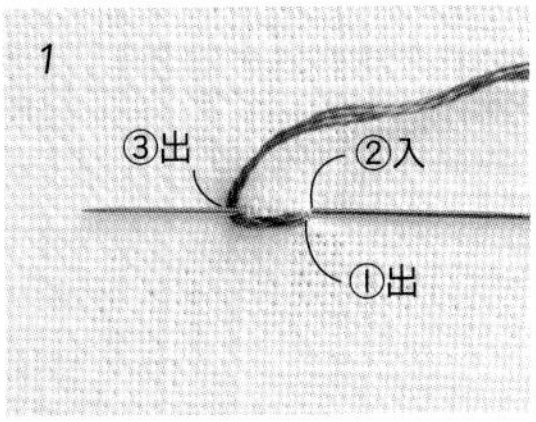

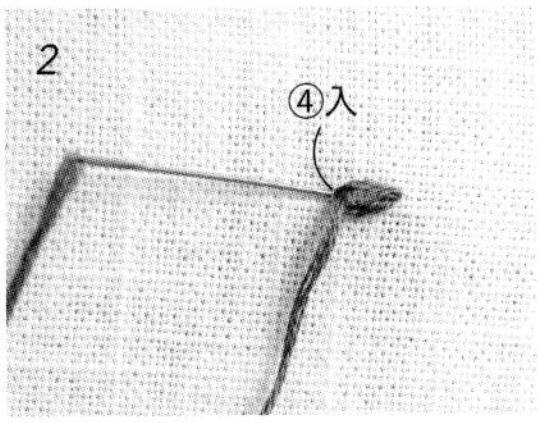

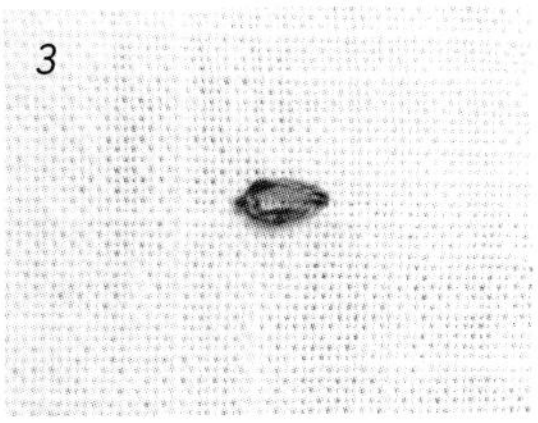

9. チェーンステッチ　Chain stitch

鎖のような形で、主に太いラインや面を埋めるときに使われる。

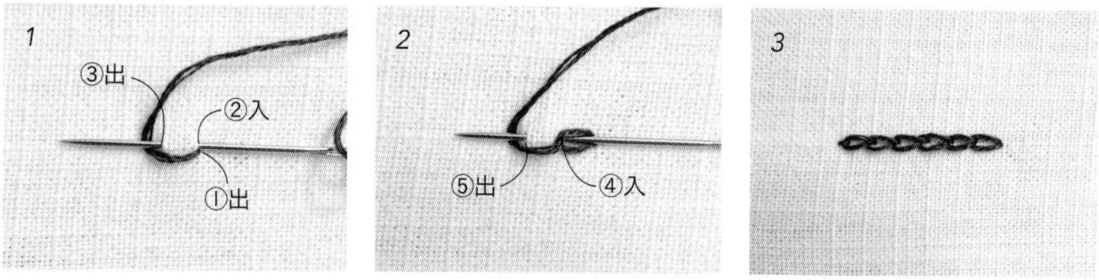

10. ウィップドチェーンステッチ　Whipped chain stitch

チェーンステッチをしてから、1つのチェーンごとに別の糸をくぐらせて巻きつける。
厚みのある太いラインに仕上げることができる。

11. ウィップドチェーンサテンステッチ　Whipped chain satin stitch

チェーンステッチをしてから、1つのチェーンごとに同色の糸を何度かくぐらせて、サテンステッチのように巻きつける。オーバーキャストステッチと似ているが、より立体的で簡単にラインが表現できる。

12. フレンチノットステッチ　French knot stitch

小さな結び目を作るステッチ。小さな点や花の刺繍、面を埋めるときに使う。糸を針に2〜3回巻きつけて抜く。

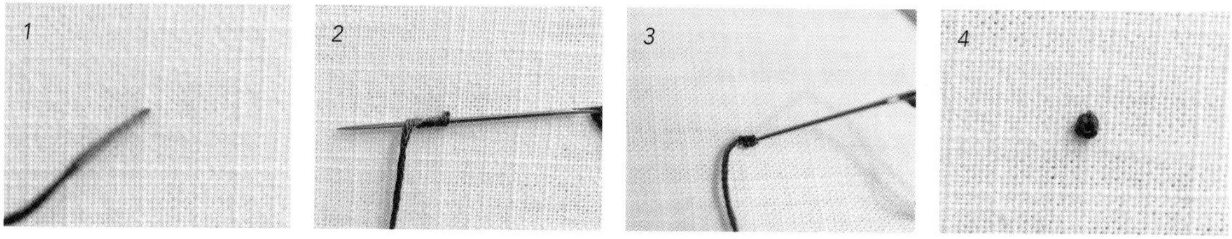

13. フライステッチ　Fly stitch

矢印のようなかたちのステッチ。主に植物の茎や木の枝を表現するときに使う。

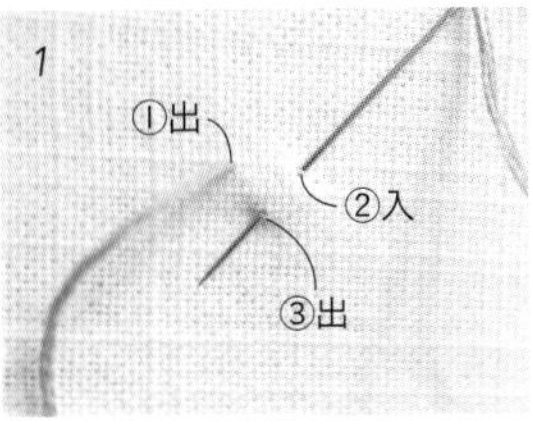

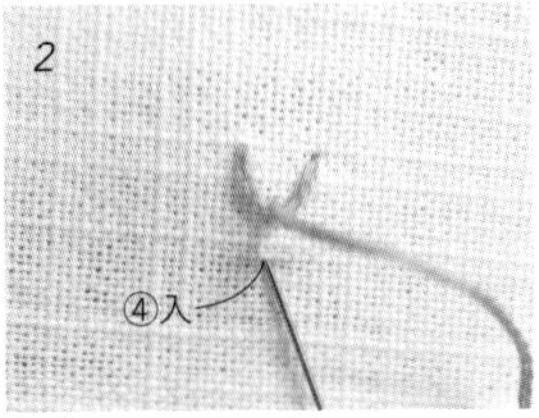

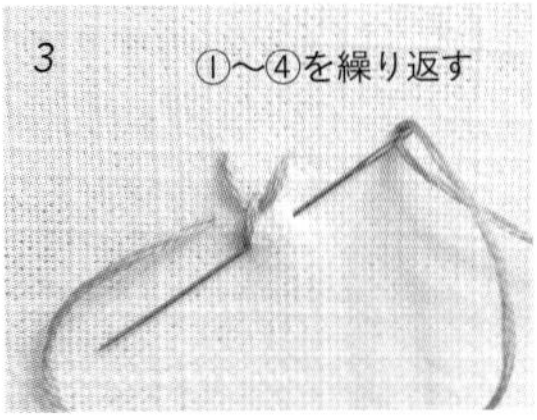

14. フライリーフステッチ　Fly leaf stitch

フライステッチを葉っぱの形に埋めるステッチ。葉脈が浮き出したリーフ形になる。

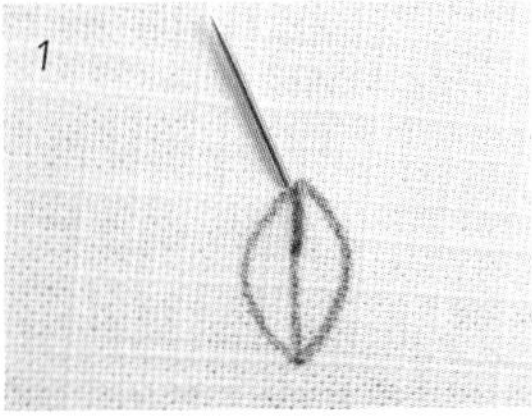

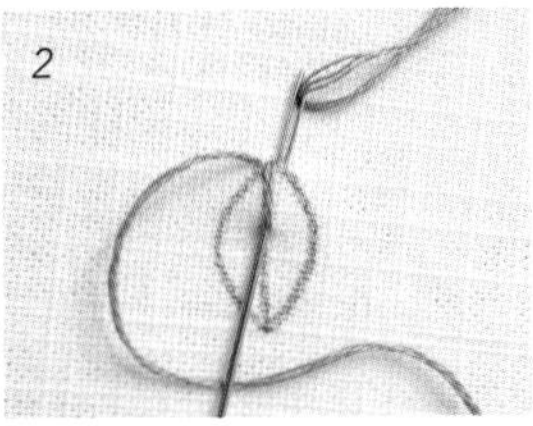

15. フェザーステッチ　Feather stitch

両側に交互にフライステッチをする技法。角度の付け方や方向で形が変わる。

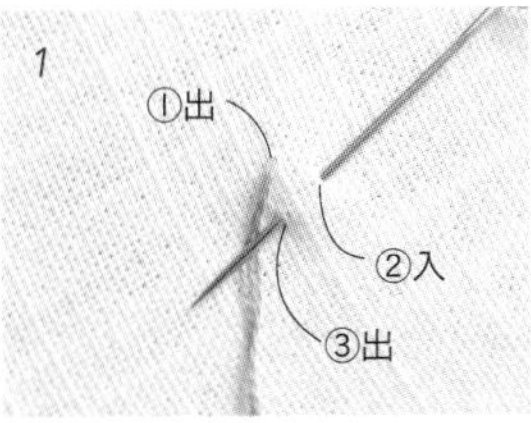

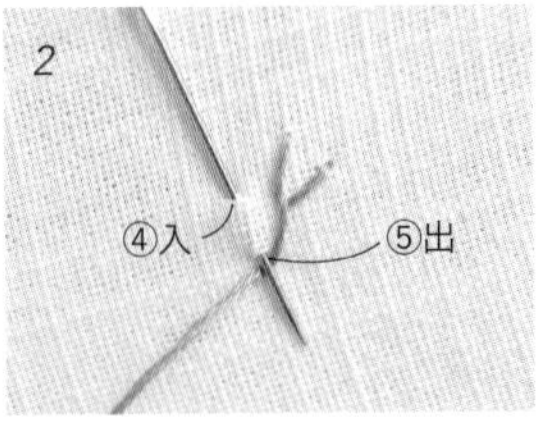

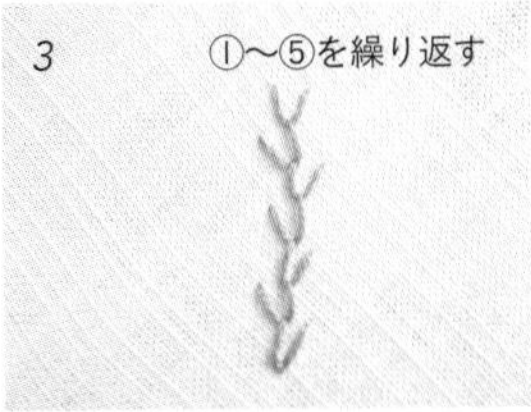

16. ブランケットステッチ　Blanket stitch

毛布のふちかがりなどに使うステッチで、直角に連続して刺す。

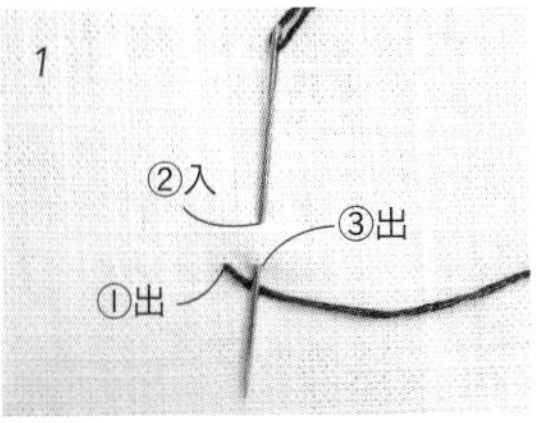

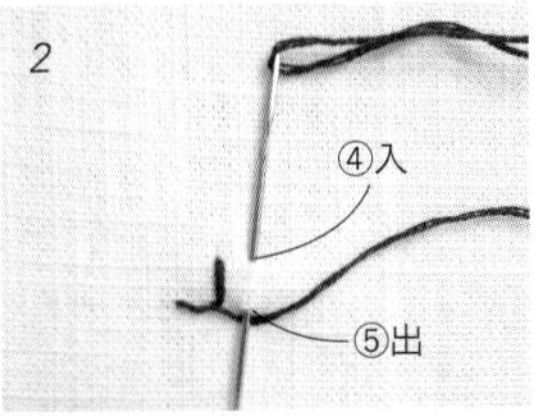

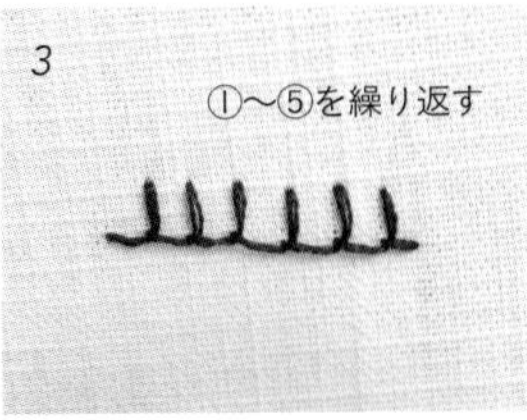

17. ブランケットホイールステッチ　Blanket wheel stitch

ブランケットステッチを円にそって車輪状に刺繍するステッチ。

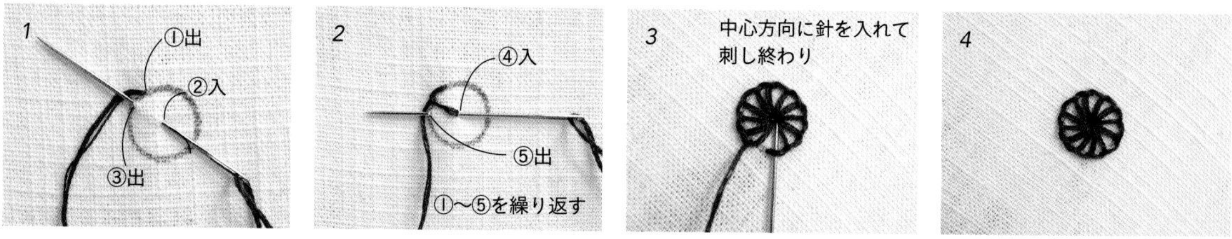

18. サテンステッチ　Satin stitch

ストレートステッチを連続で刺して面を埋める、代表的なステッチ。
図案を分割し、真ん中から刺していくと均一できれいに仕上がる。

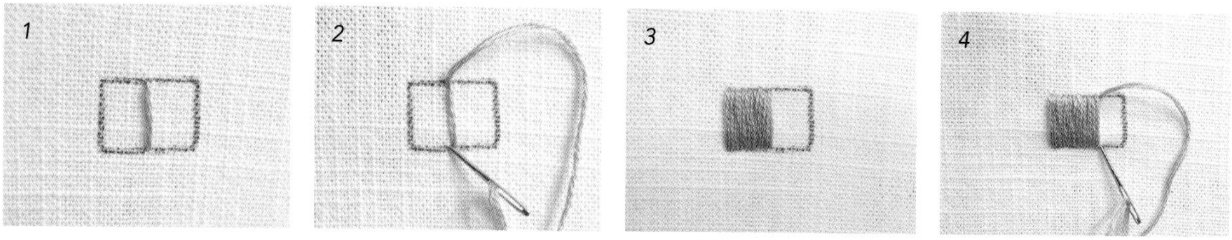

19. リーフサテンステッチ　Leaf satin stitch

葉っぱの中心に半分の長さのストレートステッチをし、端から図案にそって斜線状にサテンステッチをする。
片側が終わったら反対側も刺していく。

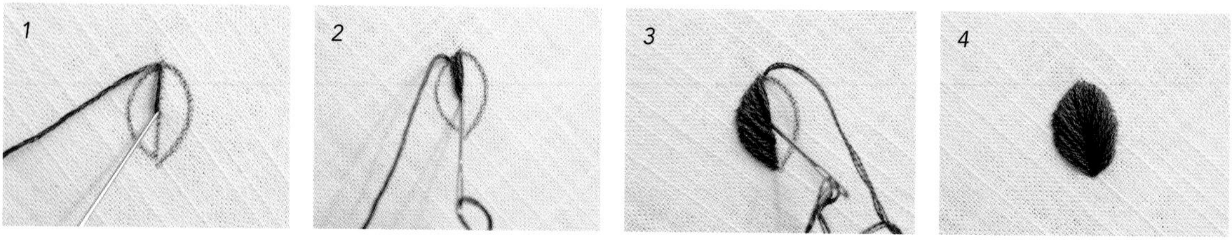

20. ホイールステッチ　Wheel stitch

ストレートステッチで軸を作り、軸が目立つように糸を巻きつけて面を埋めるステッチ。

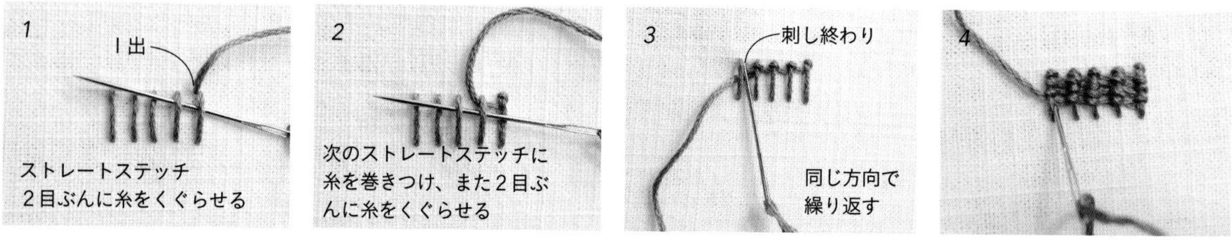

21. スパイダーウェブローズステッチ　Spider web rose stitch

クモが巣を作るように糸を巻きつけて花を作るステッチ。
ストレートステッチを５本刺し、中心のきわから針を出す。
１マスずつ糸を渡し、ストレートステッチが見えなくなるまでうず巻きを作る。

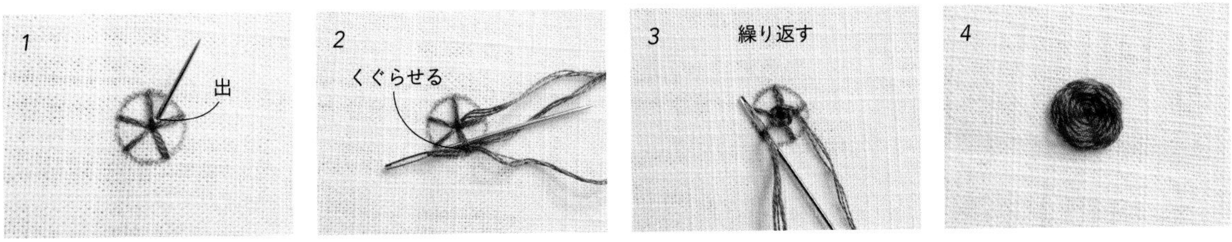

22. ロングアンドショートステッチ　Long and short stitch

面を埋めるステッチとして使われ、長い針目と短い針目で繰り返しながらストレートステッチをする。
１段目は長い針目と短い針目で埋め、２段目からは一定の短い針目で刺す。
面を分割してきっちり刺す方法と、図案のスタイルや流れにあわせてランダムに刺す方法がある。

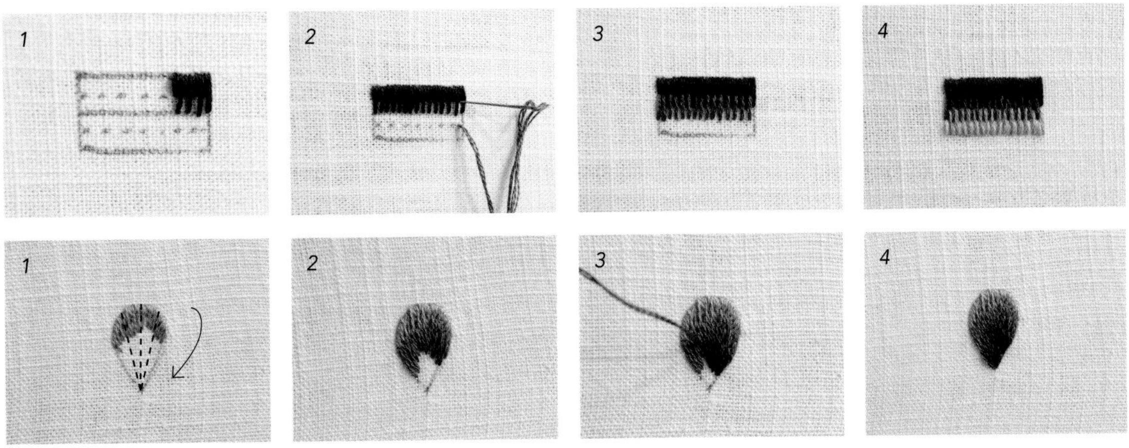

23. バスケットステッチ　Basket stitch

ラタンの風合いのカゴ、編み込み風の面を埋めるのに適したステッチ。
ストレートステッチで軸を作った後、織物をするように軸に糸をくぐらせて刺していく。

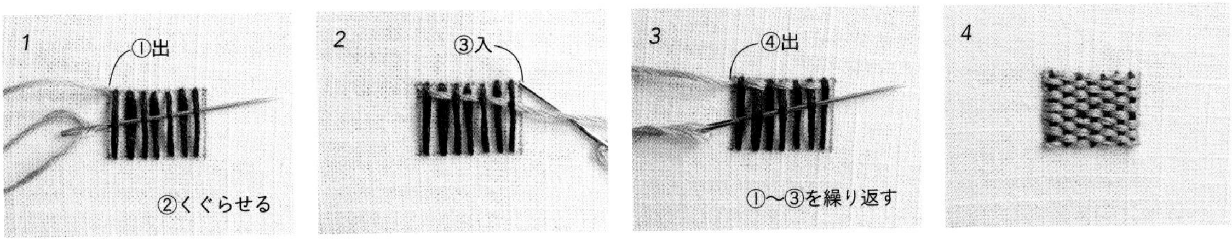

24. バリオンステッチ Bullion stitch

針に何度も糸を巻きつけて刺す立体感のあるステッチ。巻いた回数や針目の長さによって形が変わる。

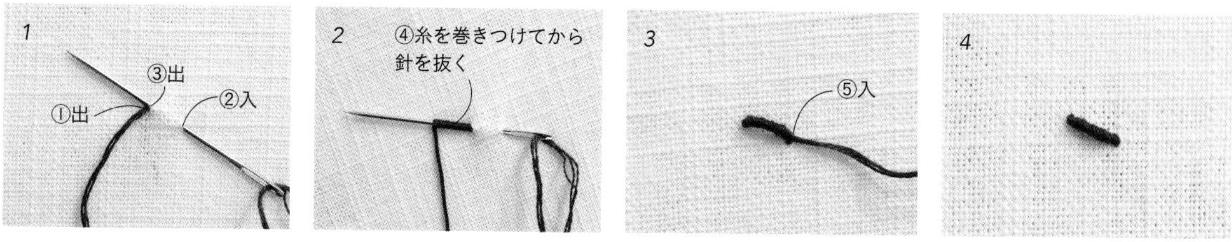

25. バリオンリングステッチ Bullion ring stitch

針目をやや小さくしてバリオンステッチのように糸を巻きつけ、小さな輪っかを作るように刺す。

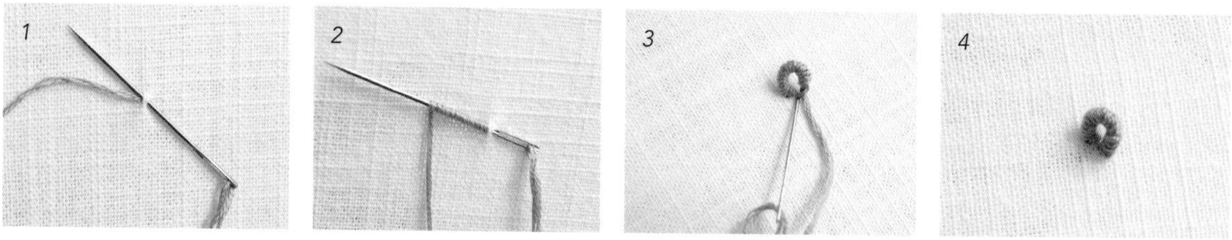

26. バリオンローズステッチ Bullion rose stitch

バリオンステッチをバラの花びらのようにぐるぐる重ねて刺す。

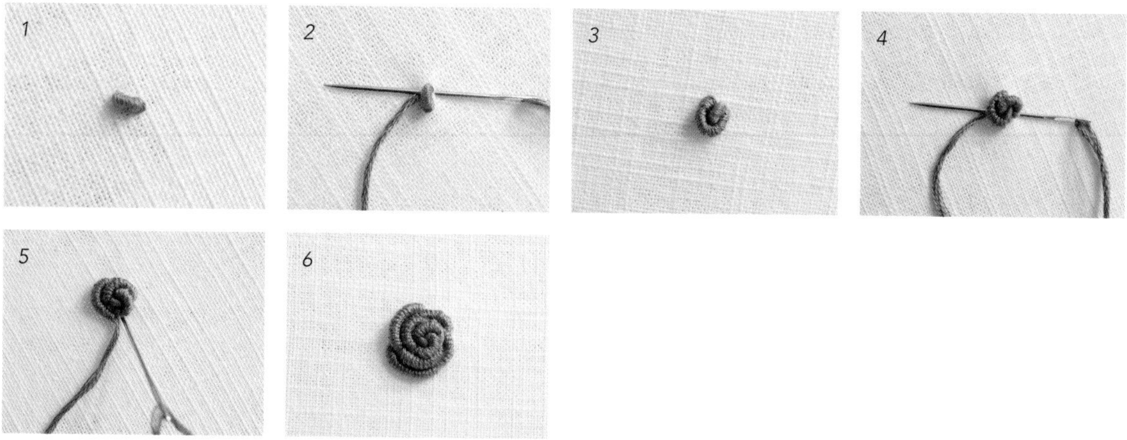

27. キャストオンステッチ　Cast on stitch

編み物をするように作り目を作って刺していく立体的なステッチ。

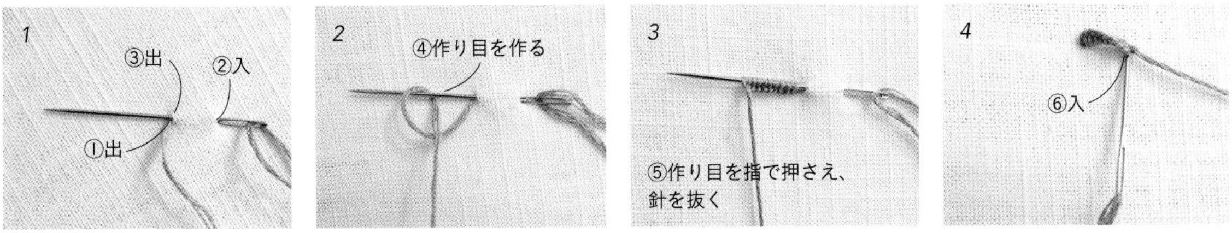

28. キャストオンローズステッチ　Cast on rose stitch

キャストオンステッチを、バリオンローズステッチと同様にぐるぐる重ねてバラの花を作る。

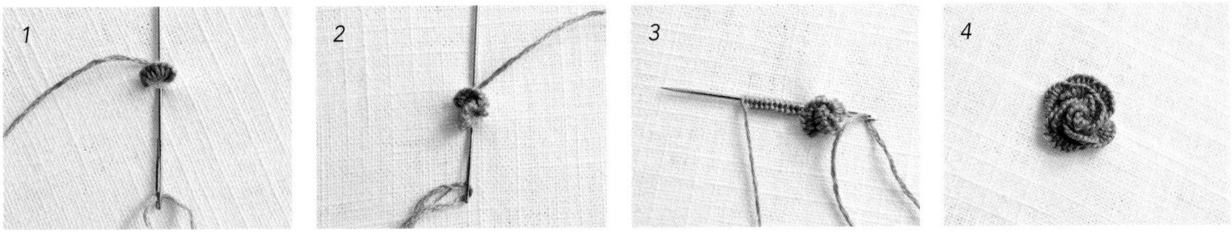

29. ターキーノットステッチ　Turkey work stitch

ループを作ったあとで切りそろえ、もふもふした効果を出す立体的なステッチ。花や動物の毛を表現するのによい。

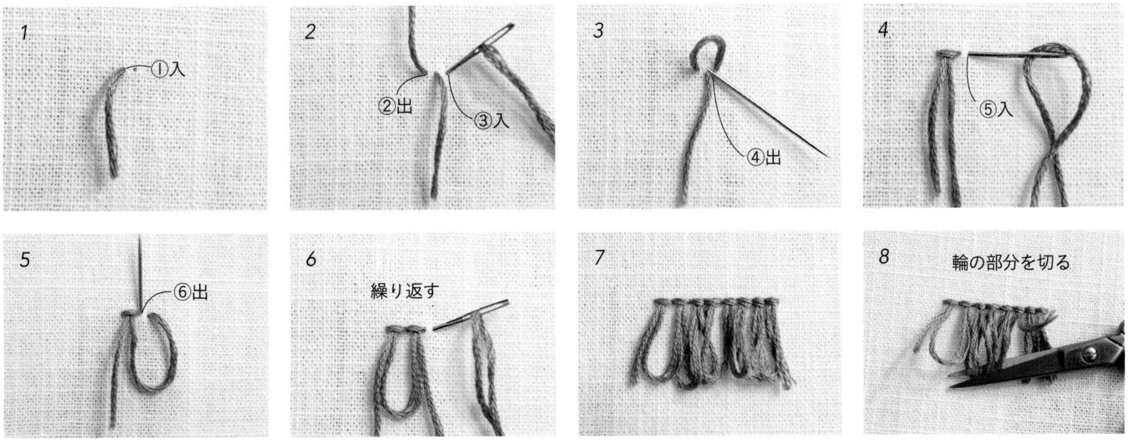

30. オーバーキャストステッチ　Overcast stitch

ラインにボリュームを持たせる技法。まずアウトラインステッチで芯を作り、その上にサテンステッチを巻き縫いする。

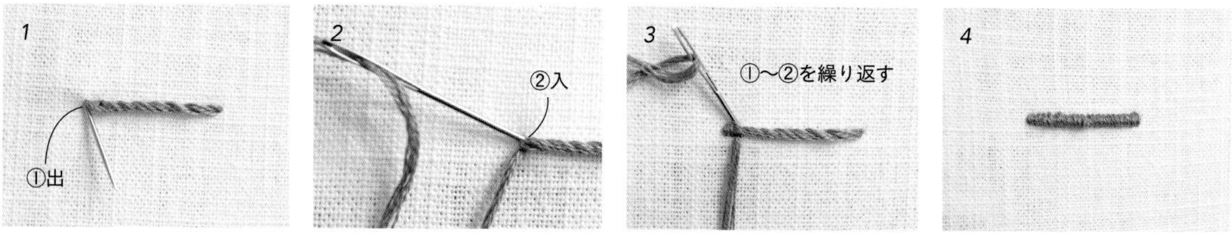

31. ブレードステッチ　Braid stitch

ボリューム感がある装飾用ステッチで、太い線を表現したり飾ったりする。

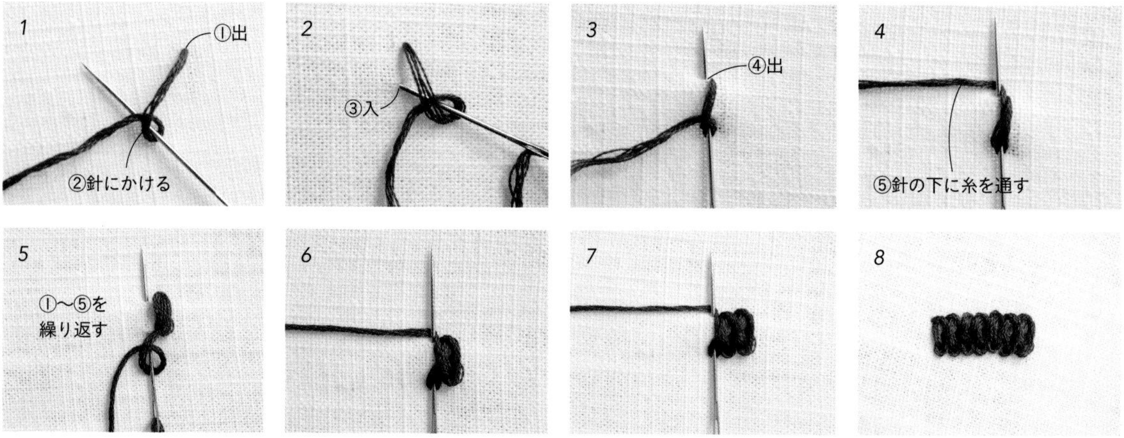

32. ビーズの固定

ビーズと同色の糸、またはビーズ専用糸を使用して２回ずつ通し固定する。

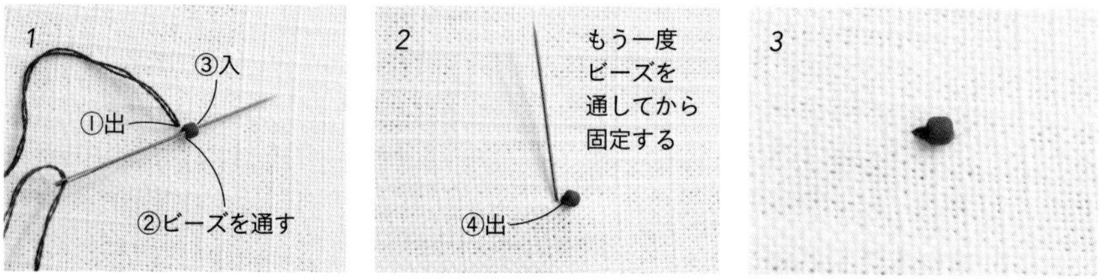

刺繍図案集

Embroidery pattern book

Graceful Ballerina

優雅なバレリーナ

糸

DMC 25番糸：02、23、310、317、353、778、3371、3781、3863
DMC ラメ糸：283A

材料

リネン、２㎜ビーズ

＊（　）内の数字は糸の本数です。
＊別の色で表示された線は該当のステッチで刺します。
＊Ｓは「ステッチ」の略です。

photo p.6-7

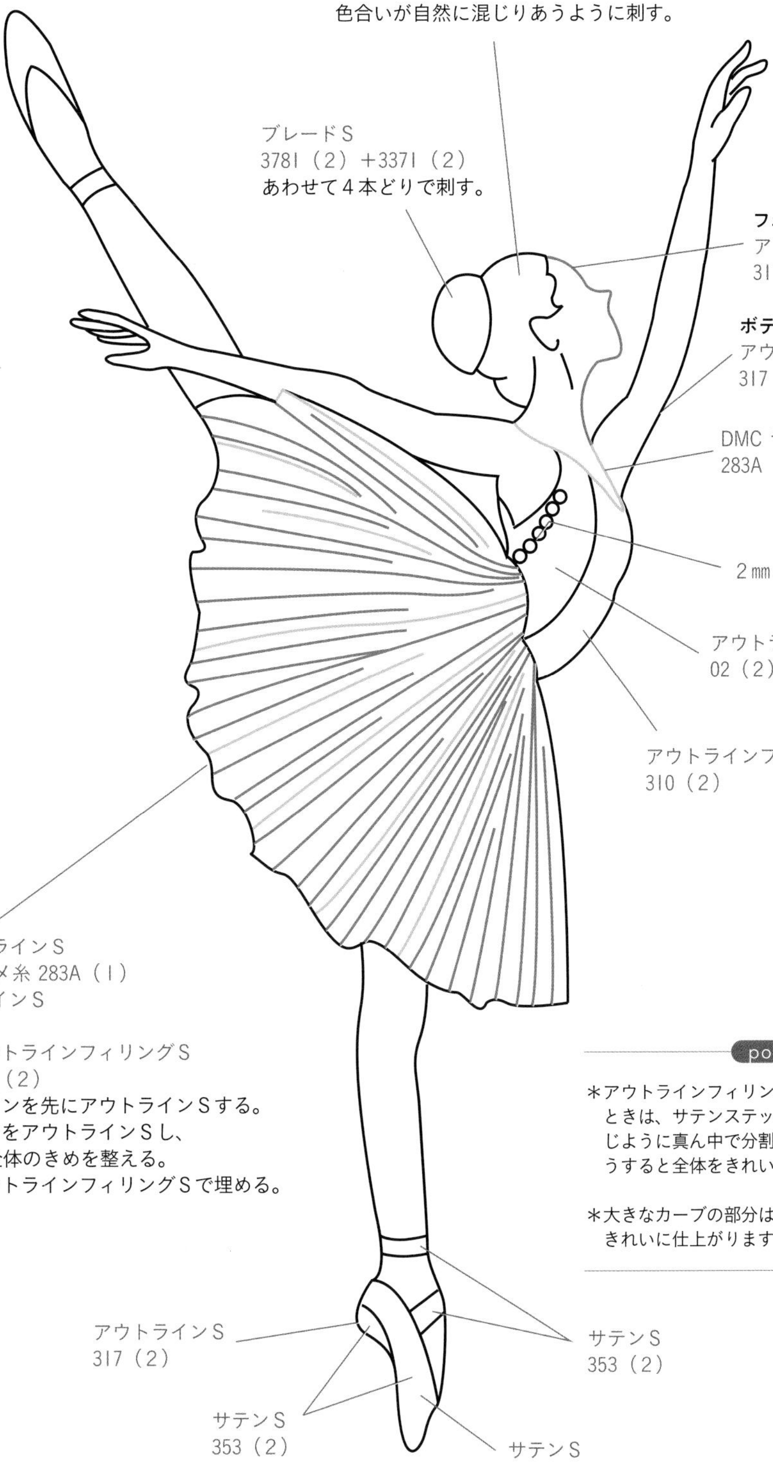

黄色：アウトラインS
DMCラメ糸 283A（1）
青：アウトラインS
23（2）
スカート：アウトラインフィリングS
778（2）

1. 黄色のラインを先にアウトラインSする。
2. 青いラインをアウトラインSし、スカート全体のきめを整える。
3. 隙間をアウトラインフィリングSで埋める。

point

＊アウトラインフィリングステッチで面を埋めるときは、サテンステッチで面を埋めるときと同じように真ん中で分割して刺していきます。そうすると全体をきれいに埋められます。

＊大きなカーブの部分は、針目を小さくすると、きれいに仕上がります。

Kitchen Cloth with Coffee Scent

コーヒーの香りでいっぱいのキッチンクロス

糸

DMC 25番糸：01、310、317、3031、3371、3862
コスモ にしきいと：32

材料

２㎜ビーズ、３㎜ビーズ、竹ビーズ、リネン

＊（　）内の数字は糸の本数です。
＊Sは「ステッチ」の略です。

photo p.8-9

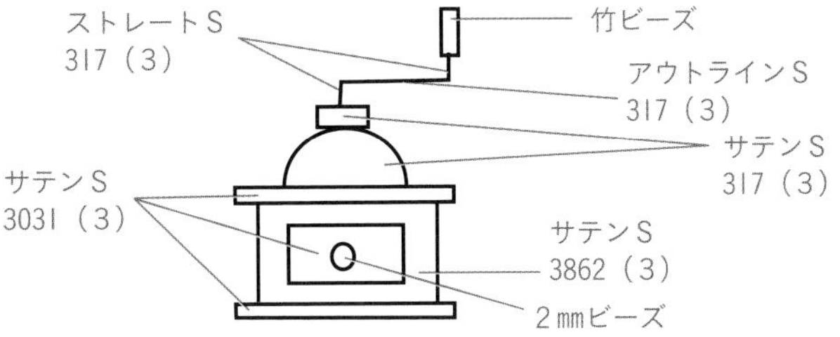

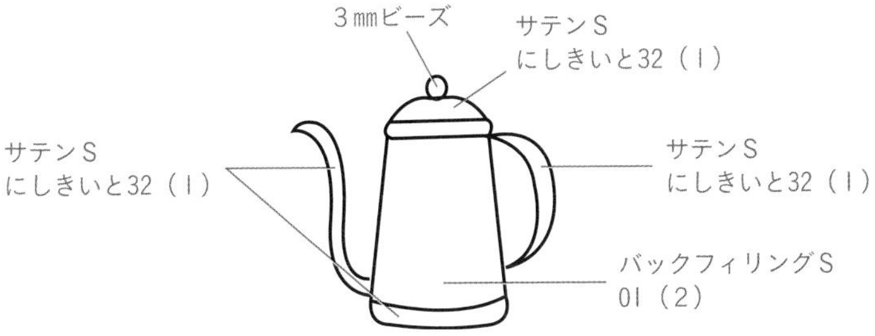

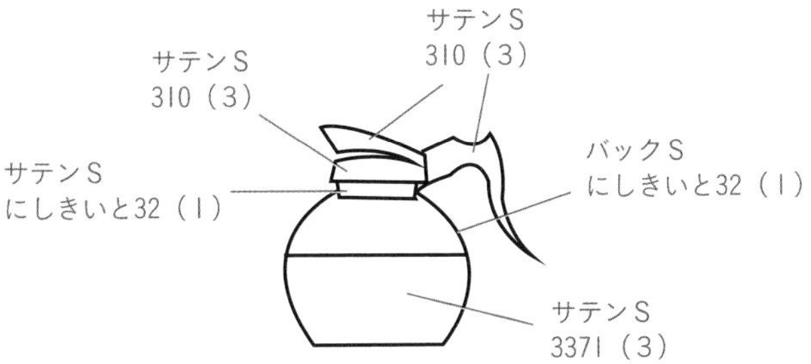

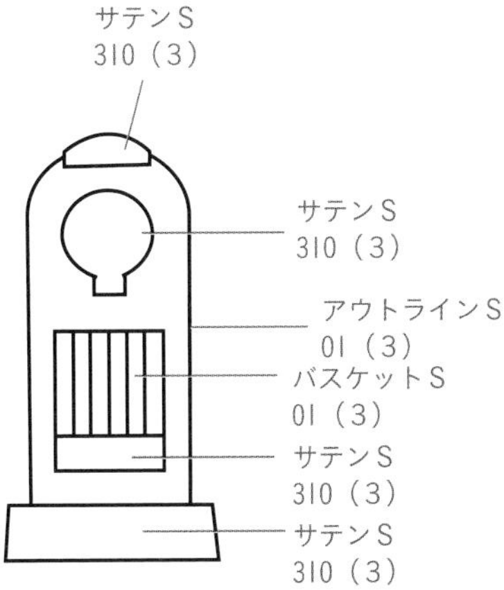

＊HOW TO

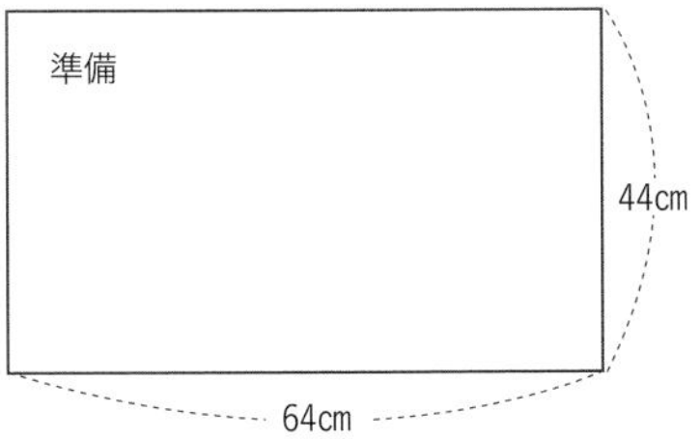

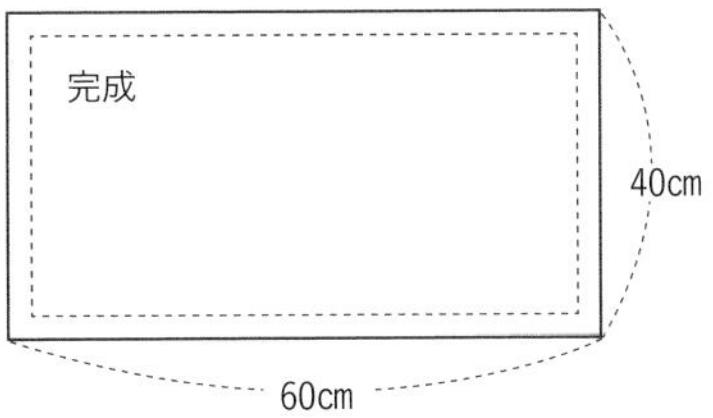

1. リネンの生地を1枚用意し、横64㎝、縦44㎝にカットする。
2. 図案を好みの位置に写す。
3. 刺繡が完成。
4. 四方に縫いしろを1㎝とって二度折り返し、アイロンをかける。
5. 返し縫い（バックステッチ）で仕上げる。

Kitchen Cloth with Sweet Dessert

甘いデザートのキッチンクロス

糸

DMC 25番糸：ECRU、224、347、898、937、3862
コスモ ラメ糸：col. I

材料

２㎜ビーズ、リネン

＊（　）内の数字は糸の本数です。
＊〈コーヒーの香りでいっぱいのキッチンクロス〉（p.66）と同じやり方で作ります。
＊別の色で表示された線は該当のステッチで刺します。
＊Sは「ステッチ」の略です。

photo p.10-11

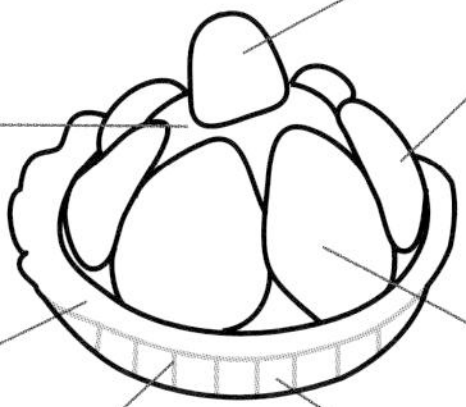

いちごの外側：サテンS
347（3）

いちごの内側：ストレートS
224（3）
いちごの外側を先に刺してから
円の外にややはみ出しぎみに
外側部分へ飛び出るようにして
中心から外へストレートSをする。

Lovely Makeup Illustration

愛らしいメイクアップのイラスト

糸

DMC 25番糸：ECRU、04、224、225、310、318、502、758、760、818、893、927、951、3712、3727、3733、3768、3778、3848、3864、3865
コスモ にしきいと：31、32

材料

綿生地、6㎜パールビーズ
コピックスケッチ：R32、RV11、E31

＊（　）内の数字は糸の本数です。
＊刺繍をする前にまずマーカーで着色してください。コピックスケッチはにじみやすいため、図案の内側に塗ってにじみ具合を確かめてから残りの部分も丁寧に塗りましょう。
＊別の色で表示された線は該当のステッチで刺します。
＊Sは「ステッチ」の略です。

photo p.12-13

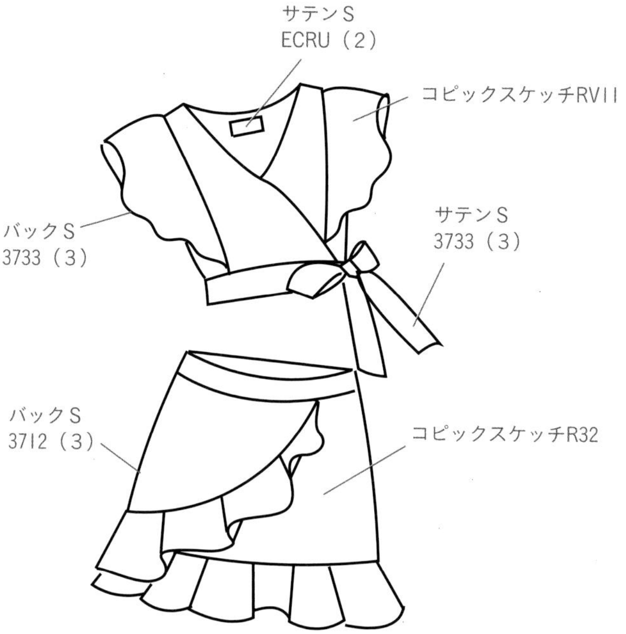
サテンS
ECRU（2）
コピックスケッチRV11
バックS
3733（3）
サテンS
3733（3）
バックS
3712（3）
コピックスケッチR32

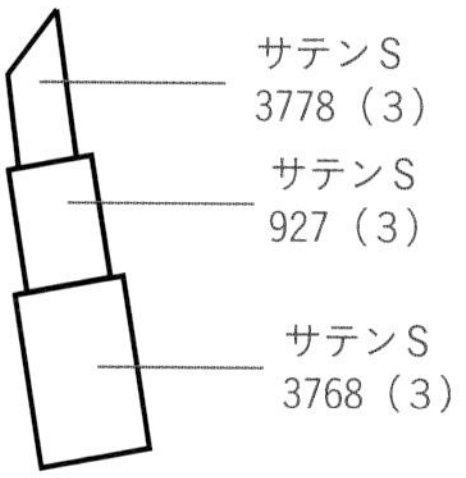
サテンS
3778（3）
サテンS
927（3）
サテンS
3768（3）

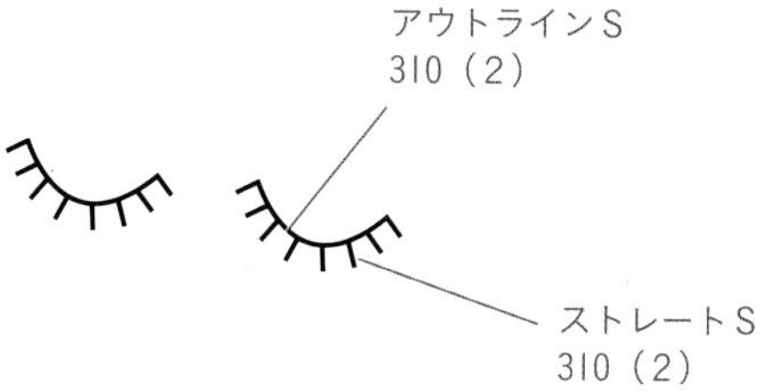
アウトラインS
310（2）
ストレートS
310（2）

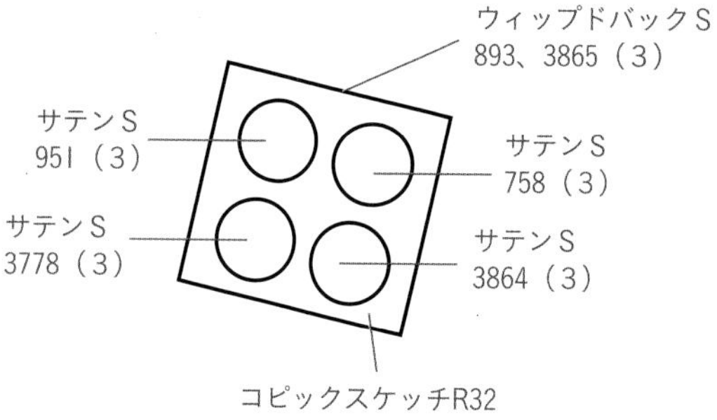
ウィップドバックS
893、3865（3）
サテンS
951（3）
サテンS
758（3）
サテンS
3778（3）
サテンS
3864（3）
コピックスケッチR32

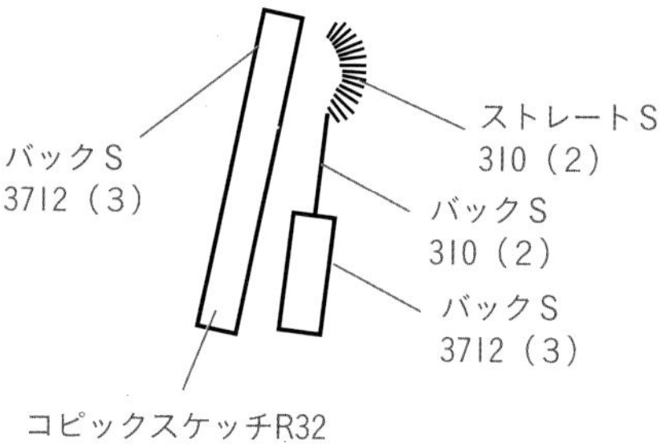
ストレートS
310（2）
バックS
3712（3）
バックS
310（2）
バックS
3712（3）
コピックスケッチR32

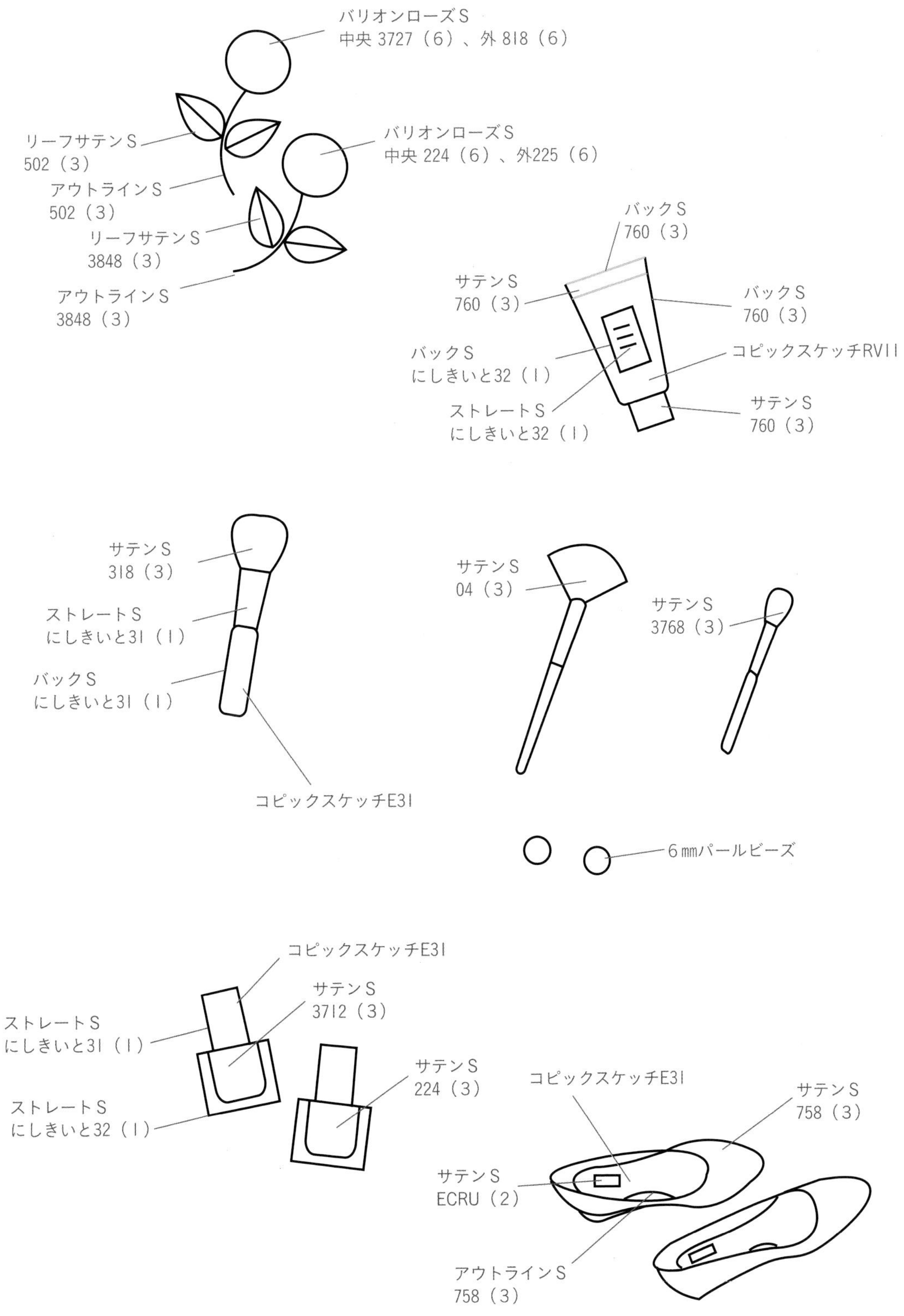
バリオンローズS
中央 3727（6）、外 818（6）
リーフサテンS
502（3）
バリオンローズS
中央 224（6）、外225（6）
アウトラインS
502（3）
リーフサテンS
3848（3）
アウトラインS
3848（3）
バックS
760（3）
サテンS
760（3）
バックS
760（3）
バックS
にしきいと32（1）
コピックスケッチRV11
ストレートS
にしきいと32（1）
サテンS
760（3）
サテンS
318（3）
ストレートS
にしきいと31（1）
バックS
にしきいと31（1）
コピックスケッチE31
サテンS
04（3）
サテンS
3768（3）
6㎜パールビーズ
コピックスケッチE31
サテンS
3712（3）
ストレートS
にしきいと31（1）
サテンS
224（3）
ストレートS
にしきいと32（1）
コピックスケッチE31
サテンS
758（3）
サテンS
ECRU（2）
アウトラインS
758（3）

Pretty Rabbit in an Apron

エプロンをつけたかわいいうさぎ

糸

DMC 25番糸：168、169、310、523、936、3328、3808、3862、3863、3865

材料

2㎜ビーズ、ボネット

＊（　）内の数字は糸の本数です。
＊別の色で表示された線は該当のステッチで刺します。
＊Sは「ステッチ」の略です。

photo p.14-15

point

＊青い点線の表示にそってロングアンドショートステッチをしてください。(後出のくまの刺繍の手順を参照p.85)

＊服や小さなものへの刺繍は肌ざわりが気になるかもしれません。その場合、刺繍が完成した後で裏からシルクの芯を貼ると、ザラつきが減って肌へのあたりがよくなります。

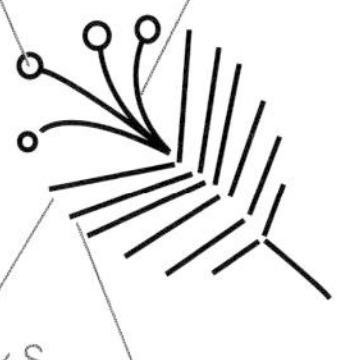

Cute Little Flowers

かわいらしい小さなお花

糸

DMC 25番糸：168、169、223、646、814、936、3865
コスモ にしきいと：23

材料

２㎜ビーズ、ベビー用ロンパース

＊（　）内の数字は糸の本数です。
＊Sは「ステッチ」の略です。

photo p.16-17

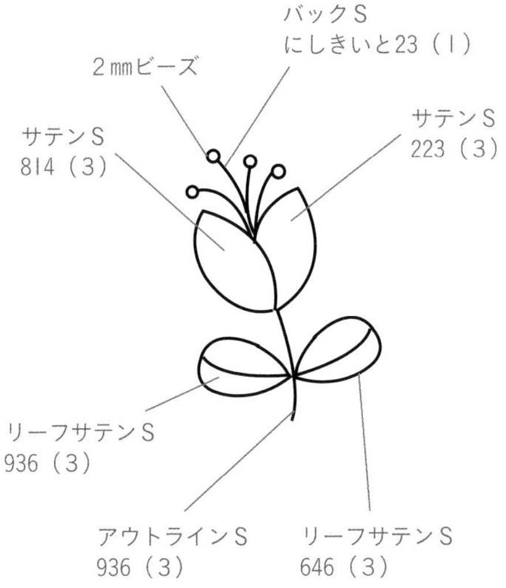
バックS
にしきいと23（1）
2㎜ビーズ
サテンS
814（3）
サテンS
223（3）
リーフサテンS
936（3）
アウトラインS
936（3）
リーフサテンS
646（3）

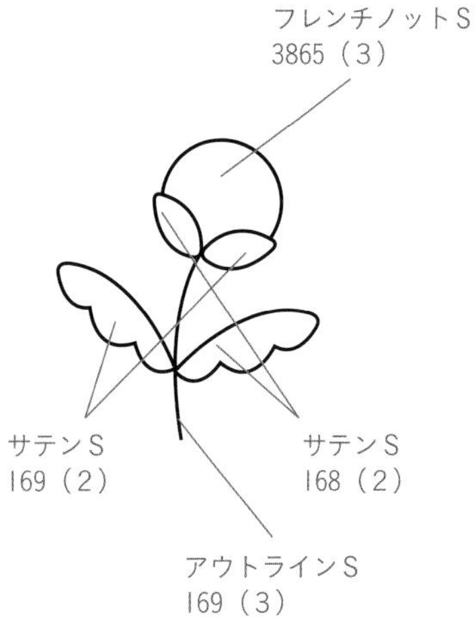
フレンチノットS
3865（3）
サテンS
169（2）
サテンS
168（2）
アウトラインS
169（3）

Heart Filled with Flowers

お花でできたハート

糸

DMC 25番糸：BLANC、502、758、927、3051、3328、3768、3778、3809

材料

２㎜ビーズ、綿生地

＊（　）内の数字は糸の本数です。
＊別の色で表示された線は該当のステッチで刺します。
＊Ｓは「ステッチ」の略です。

photo p.18-19

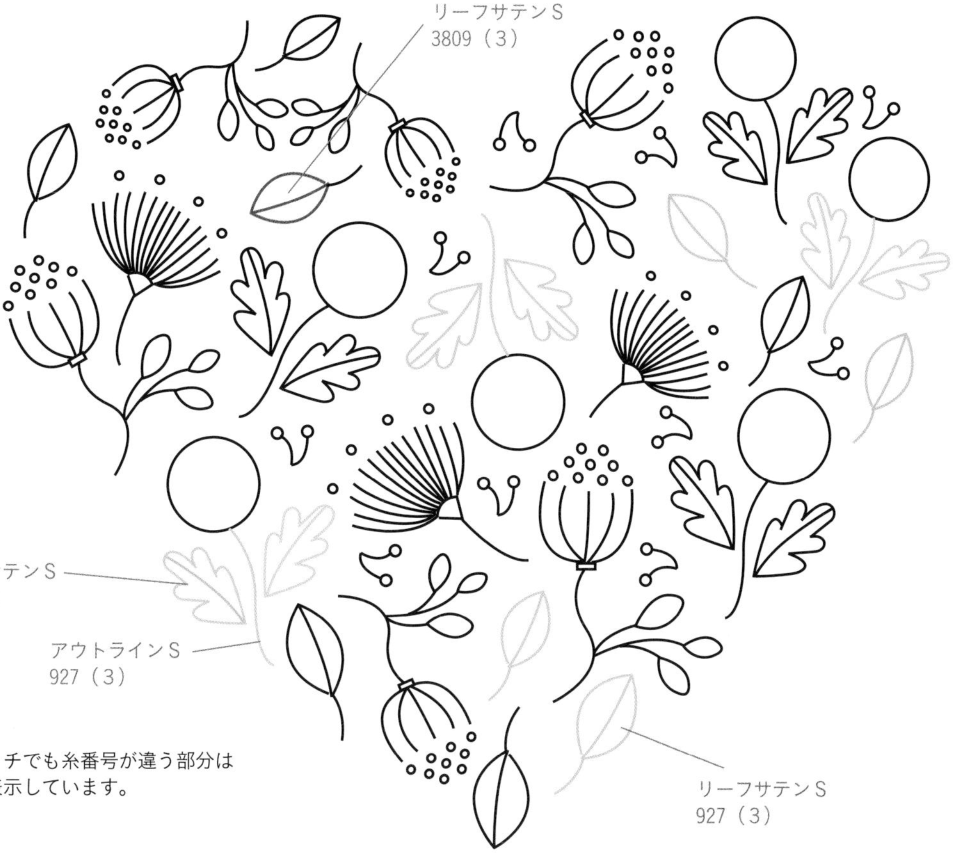

＊同じステッチでも糸番号が違う部分は
別の色で表示しています。

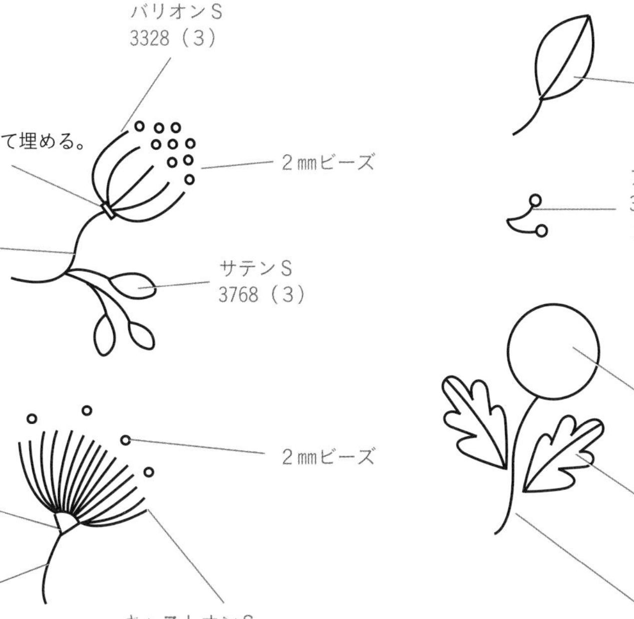

A Bear's Afternoon Tea Time in the Woods

森の午後　くまのティータイム

糸

DMC 25番糸：300、310、319、322、347、435、601、972、3045、3052、3346、3781、3813、3823、3864、3865
DMC ウール刺繍糸：7043、7127、7322、7329、7369、7384、7501
DMC ４番糸：2133、2760、2801
アップルトン ウール刺繍糸：142、904、905、991

材料

２㎜ビーズ、綿生地、ウール糸専用針

＊（　）内の数字は糸の本数です。
＊別の色で表示された線は該当のステッチで刺します。
＊Ｓは「ステッチ」の略です。

photo p.20-21

実物大図案は86～87ページにあります。

＊この位置にはイニシャルや筆記体の名前、好みの文字を入れてください。

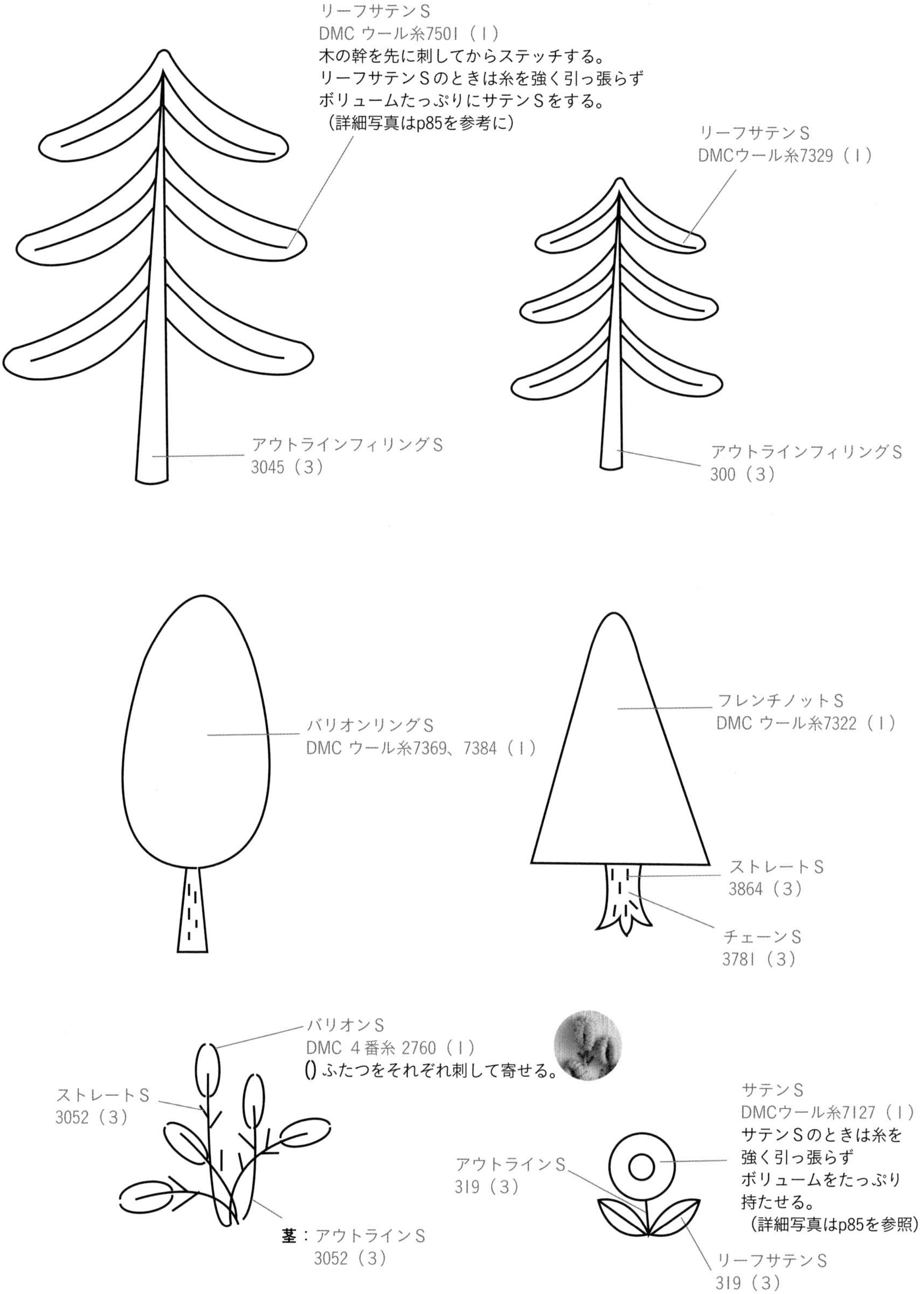
リーフサテンS
DMC ウール糸7501（1）
木の幹を先に刺してからステッチする。
リーフサテンSのときは糸を強く引っ張らず
ボリュームたっぷりにサテンSをする。
（詳細写真はp85を参考に）
リーフサテンS
DMCウール糸7329（1）
アウトラインフィリングS
3045（3）
アウトラインフィリングS
300（3）
バリオンリングS
DMC ウール糸7369、7384（1）
フレンチノットS
DMC ウール糸7322（1）
ストレートS
3864（3）
チェーンS
3781（3）
バリオンS
DMC 4番糸 2760（1）
() ふたつをそれぞれ刺して寄せる。
ストレートS
3052（3）
茎：アウトラインS
3052（3）
サテンS
DMCウール糸7127（1）
サテンSのときは糸を
強く引っ張らず
ボリュームをたっぷり
持たせる。
（詳細写真はp85を参照）
アウトラインS
319（3）
リーフサテンS
319（3）

point

＊色のついているところとそうでないところが自然につながるよう、境目の部分は糸をかき分けるようにして刺していきます。

＊ステッチは青い点線の流れで刺します。

＊DMC4番糸は糸を分けず、まるごと使います。

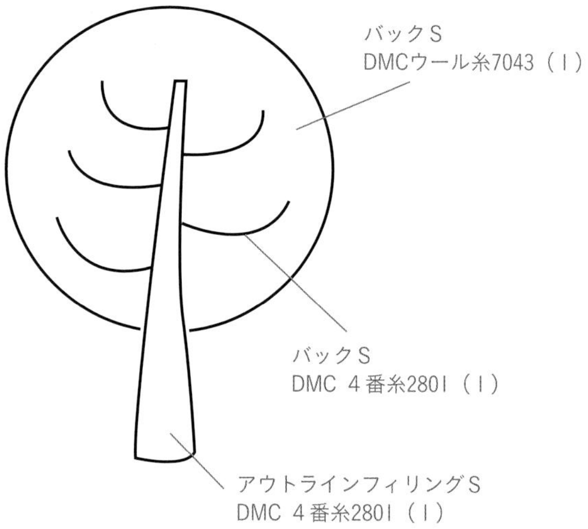
バックS
DMCウール糸7043（1）
バックS
DMC ４番糸2801（1）
アウトラインフィリングS
DMC ４番糸2801（1）

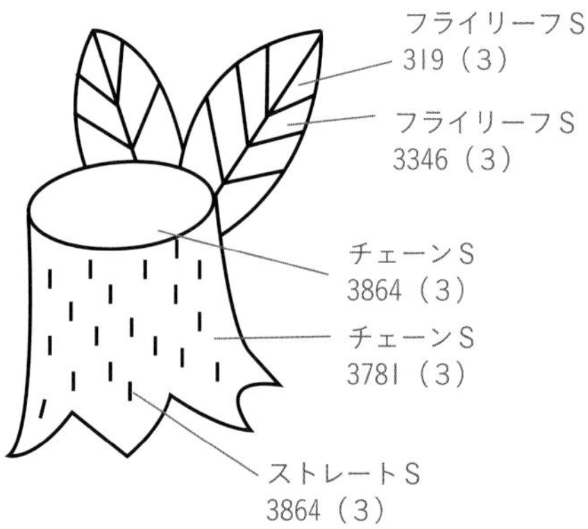
フライリーフS
319（3）
フライリーフS
3346（3）
チェーンS
3864（3）
チェーンS
3781（3）
ストレートS
3864（3）

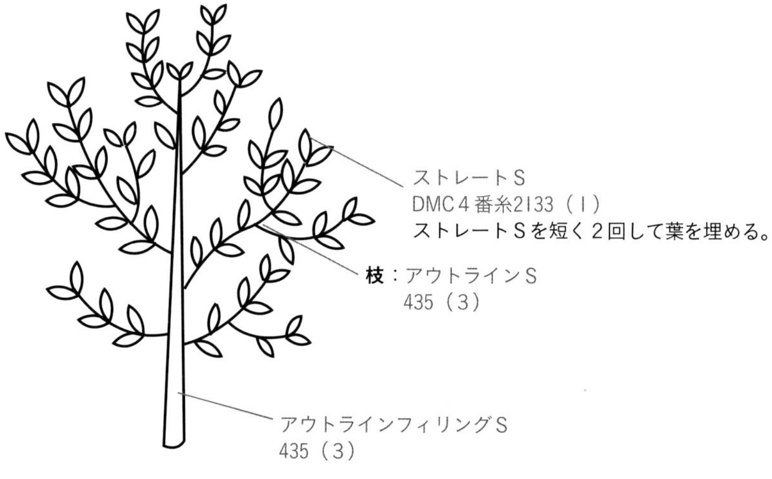
ストレートS
DMC４番糸2133（1）
ストレートSを短く２回して葉を埋める。
枝：アウトラインS
435（3）
アウトラインフィリングS
435（3）

＊DETAIL

・木のひと枝をひとつの葉っぱと考え、中心線に合わせてリーフサテンステッチをする。
ウール糸は最後まで引き抜かず、たっぷりボリュームを持たせる。

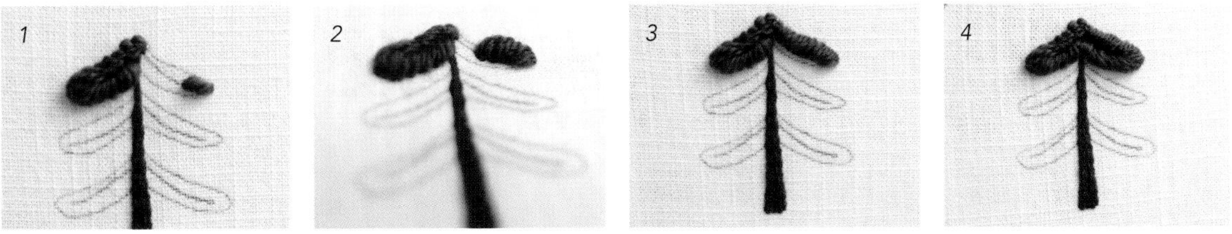

・上の枝とおなじようにたっぷりボリュームを持たせる。
円の部分のサテンステッチは全体を分割してから隙間を埋めるように刺していく。

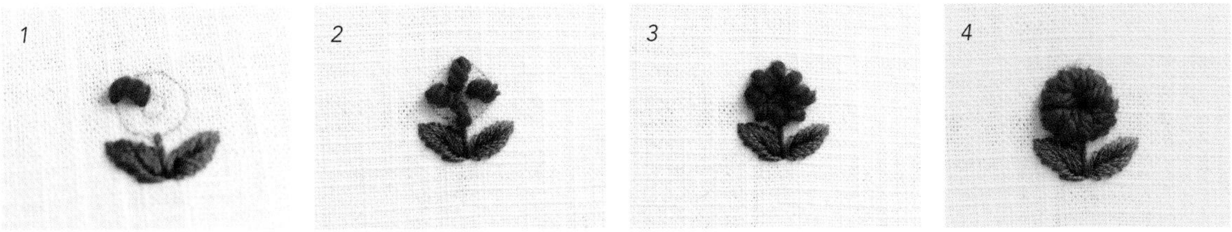

・くまの毛の流れにそってロングアンドショートステッチをする。針は針目と針目の間から出すのではなく、糸をかき分けるようにして出すとより自然になる。糸の色が変わるところは、それぞれの色をまたぐように糸を重ねて刺すと、色が混ざり合ったような効果が出る。ロングアンドショートステッチで広い面を刺しおえてから小物や細かい部分を刺繍する。

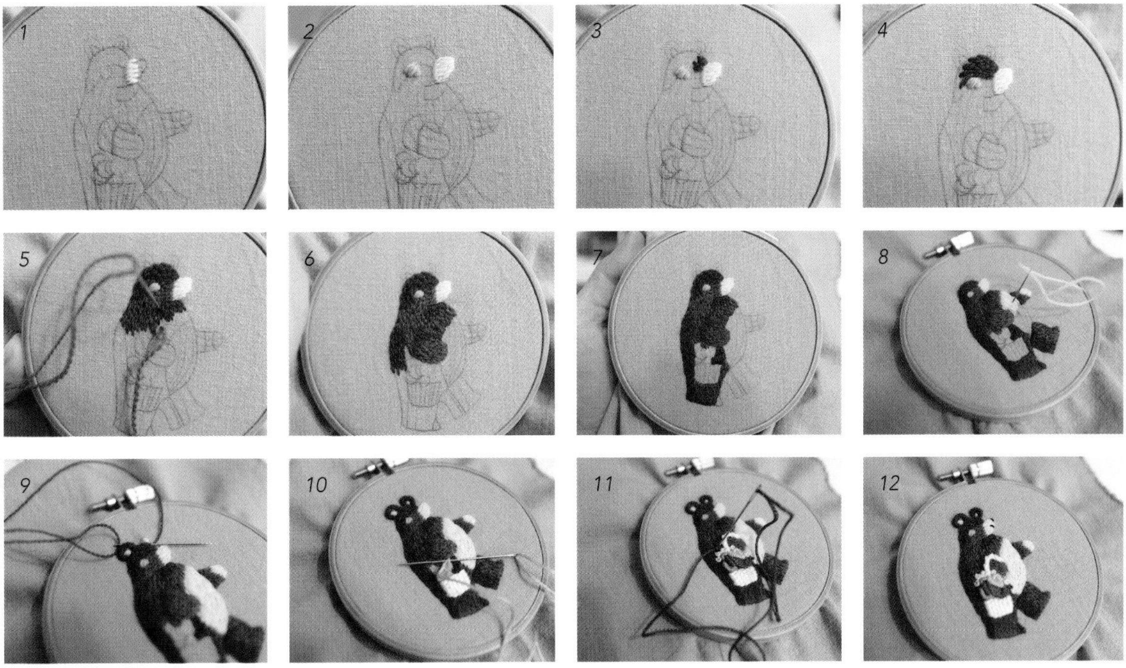

＊この位置にはイニシャルや筆記体の名前、好みの文字を入れてください。

Odd Eye Cat with Glasses

メガネをかけたオッドアイキャット

糸

DMC 25番糸：BLANC、26、310、317、535、746、760、3328、3813

材料

ポーチ

＊（　）内の数字は糸の本数です。
＊Sは「ステッチ」の略です。

photo p.22-23

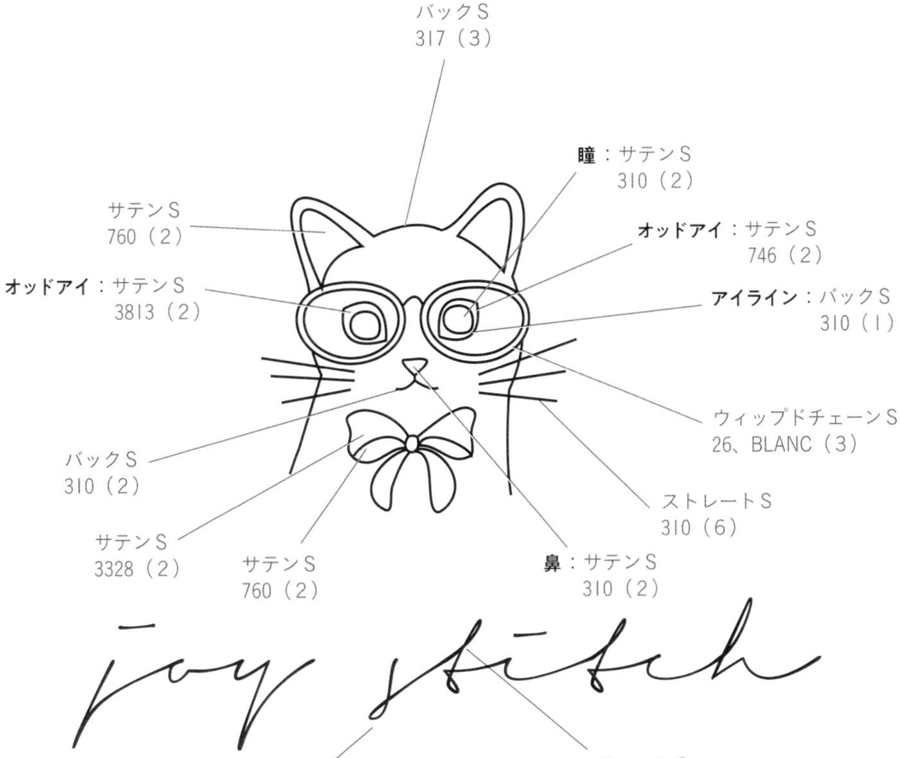

＊この位置にはイニシャルや筆記体の名前、好みの文字を入れてください。

Joyful Gardening Illustration

楽しいガーデニングのイラスト

糸

DMC 25番糸：ECRU、319、347、351、400、422、434、436、503、523、645、648、744、930、934、937、3013、3051、3052、3779

材料

２㎜ビーズ、３㎜ビーズ、４㎜ビーズ、綿生地

＊（　）内の数字は糸の本数です。
＊別の色で表示された線は該当のステッチで刺します。
＊Ｓは「ステッチ」の略です。

photo p.24-25

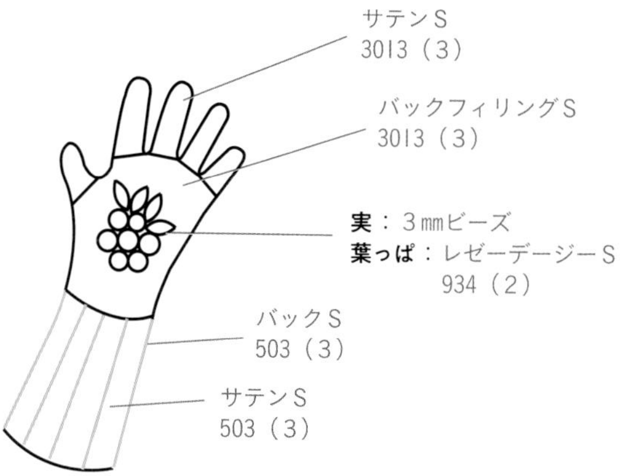
サテンS
3013（3）
バックフィリングS
3013（3）
実：3㎜ビーズ
葉っぱ：レゼーデージーS
934（2）
バックS
503（3）
サテンS
503（3）

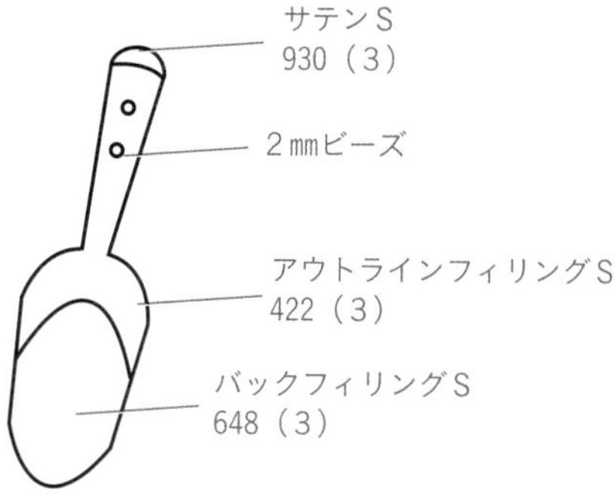
サテンS
930（3）
2㎜ビーズ
アウトラインフィリングS
422（3）
バックフィリングS
648（3）

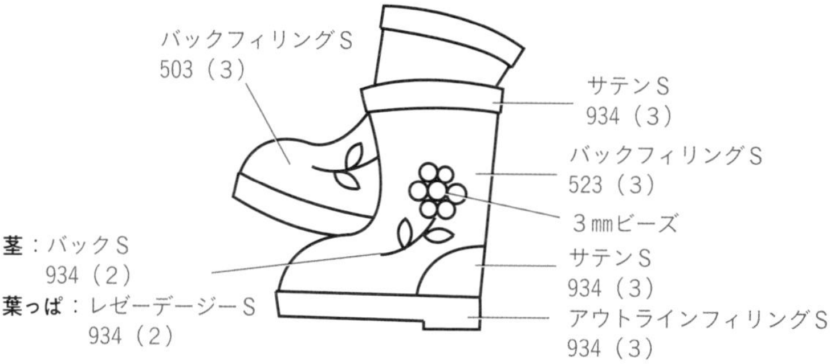
バックフィリングS
503（3）
サテンS
934（3）
バックフィリングS
523（3）
3㎜ビーズ
茎：バックS
934（2）
葉っぱ：レゼーデージーS
934（2）
サテンS
934（3）
アウトラインフィリングS
934（3）

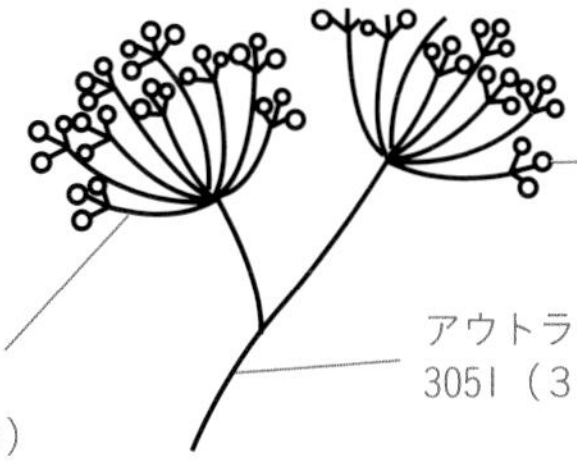

リーフサテンSをすべて刺してから
黄色のラインの部分にアウトラインSをする。

リーフサテンSをすべて刺してから
黄色のラインの部分にアウトラインSをする。

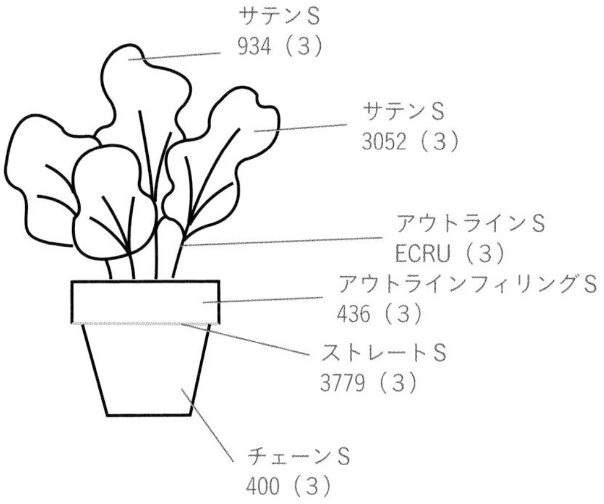
サテンS
934（3）
サテンS
3052（3）
アウトラインS
ECRU（3）
アウトラインフィリングS
436（3）
ストレートS
3779（3）
チェーンS
400（3）

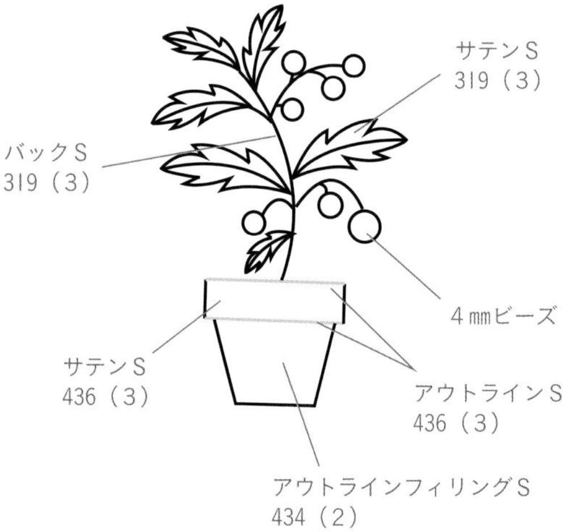
サテンS
319（3）
バックS
319（3）
4㎜ビーズ
サテンS
436（3）
アウトラインS
436（3）
アウトラインフィリングS
434（2）

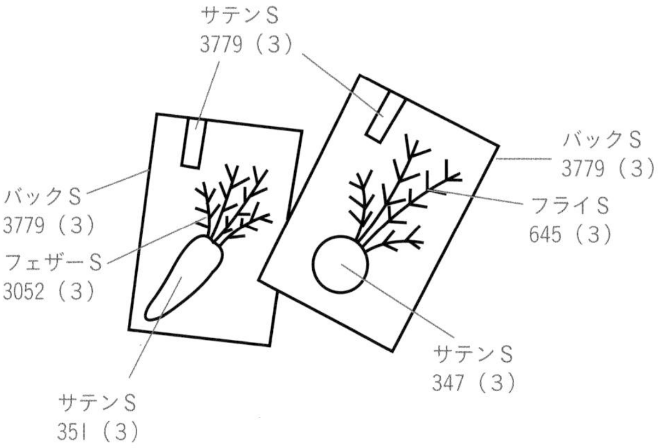
サテンS
3779（3）
バックS
3779（3）
バックS
3779（3）
フライS
645（3）
フェザーS
3052（3）
サテンS
347（3）
サテンS
351（3）

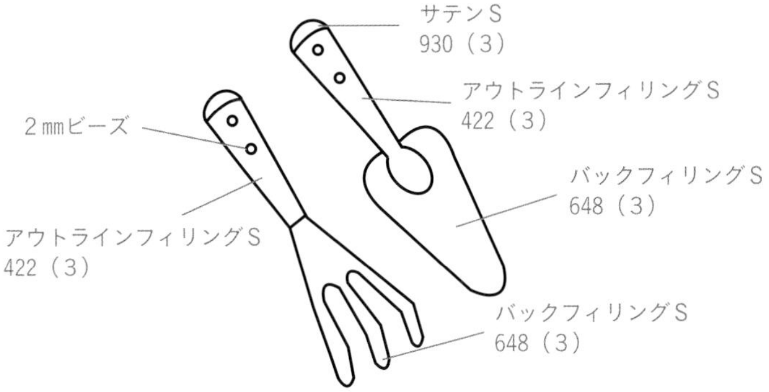

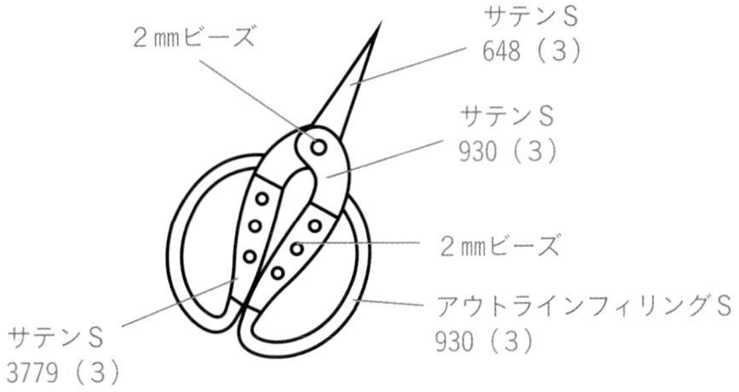

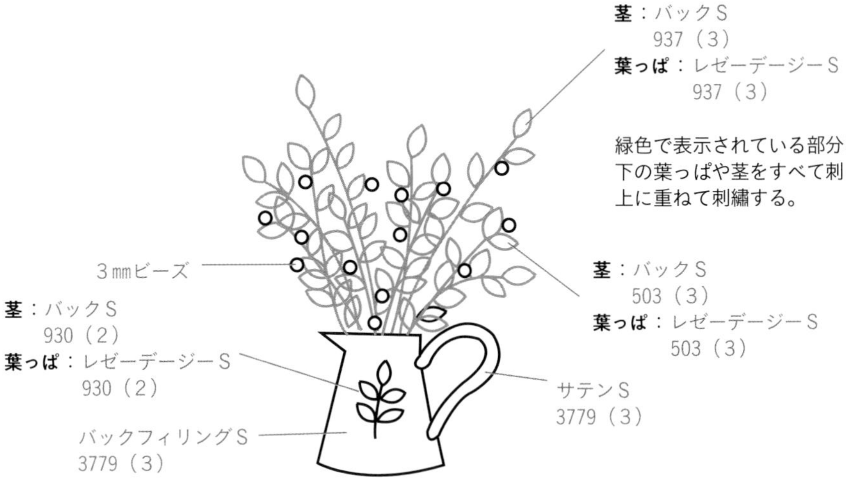

緑色で表示されている部分は
下の葉っぱや茎をすべて刺してから
上に重ねて刺繍する。

Cute Bee

かわいいみつばち

糸

DMC 25番糸：BLANC、310、3822
コスモ ラメ糸：col.7

材料

２㎜ビーズ、エプロンまたはさまざまな布小物

＊（　）内の数字は糸の本数です。
＊別の色で表示された線は該当のステッチで刺します。
＊Sは「ステッチ」の略です。

photo p.26-27

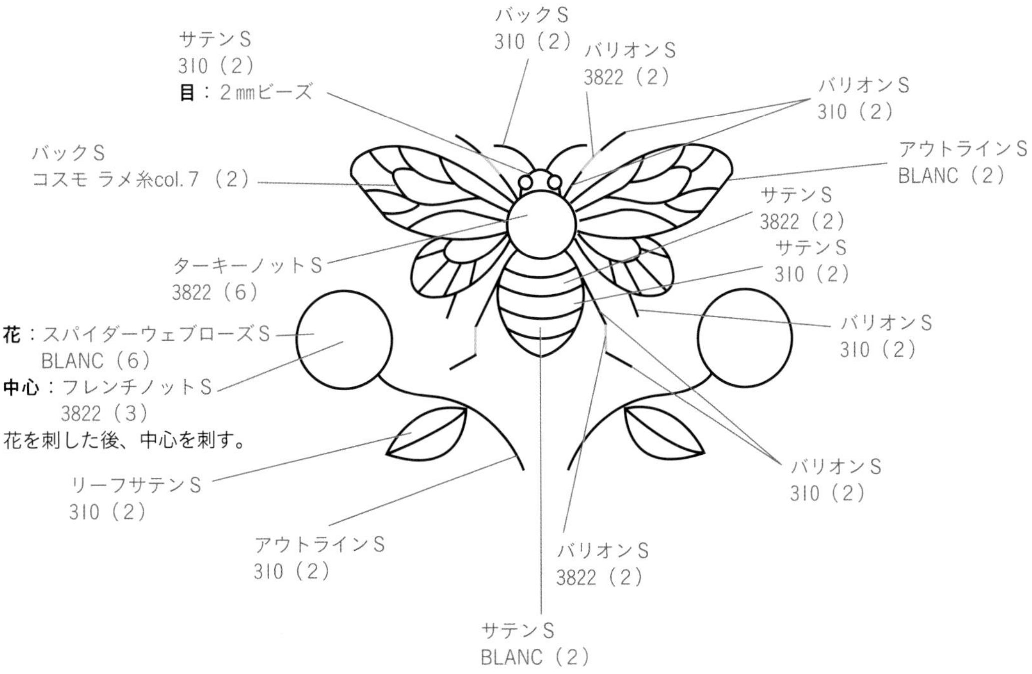

バックS
310（2）
サテンS
310（2）
目：2㎜ビーズ
バリオンS
3822（2）
バリオンS
310（2）
バックS
コスモ ラメ糸col.7（2）
アウトラインS
BLANC（2）
サテンS
3822（2）
サテンS
310（2）
ターキーノットS
3822（6）
バリオンS
310（2）
花：スパイダーウェブローズS
BLANC（6）
中心：フレンチノットS
3822（3）
花を刺した後、中心を刺す。
バリオンS
310（2）
リーフサテンS
310（2）
アウトラインS
310（2）
バリオンS
3822（2）
サテンS
BLANC（2）

Ocean Blue Summer Illustration

さわやかなブルーの夏のイラスト

糸

DMC 25番糸：BLANC、162、336、434、738、824、3823、3839

材料

綿生地、２㎜ビーズ
コピックスケッチ：B05、B23、B29、B41、E33

＊（　）内の数字は糸の本数です。
＊刺繡をする前にまずマーカーで着色してください。コピックスケッチはにじみやすいため、図案の内側に塗ってにじみ具合を確かめてから残りの部分も丁寧に塗りましょう。
＊Ｓは「ステッチ」の略です。

photo p.28-29

バックS
3839（3）
レゼーデージーS
BLANC（6）
刺してから中心に2㎜ビーズをつける。
コピックスケッチB41

サテンS
BLANC（3）
バックS
BLANC（2）
コピックスケッチB23
ターキーノットS
162（6）

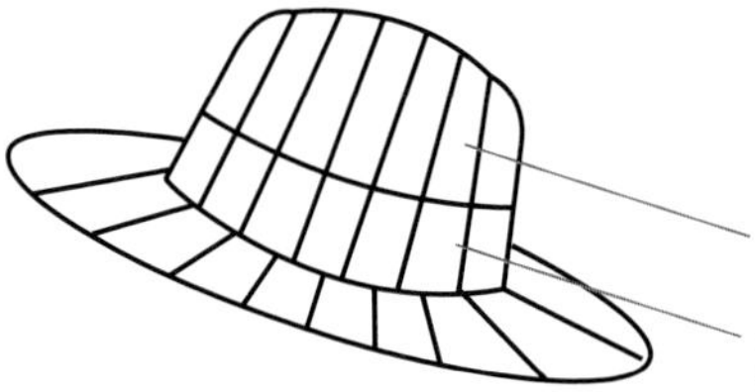
バスケットS
738（6）
バスケットS
824（6）

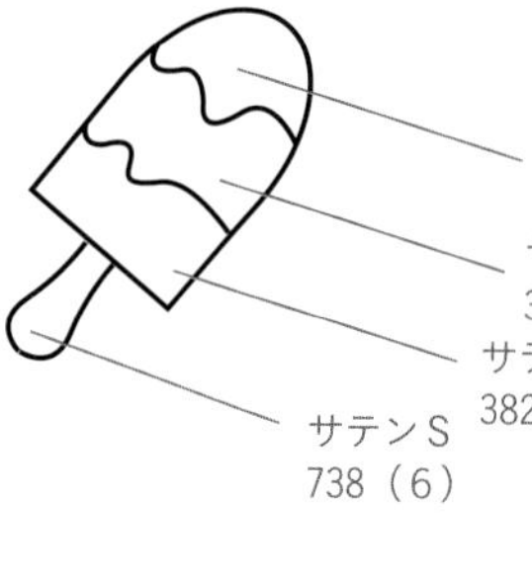
サテンS
434（6）
サテンS
3839（6）
サテンS
3823（6）
サテンS
738（6）

サテンS
738（3）+434（3）
２種類の色を混ぜた６本どりで刺す。
コピックスケッチB29

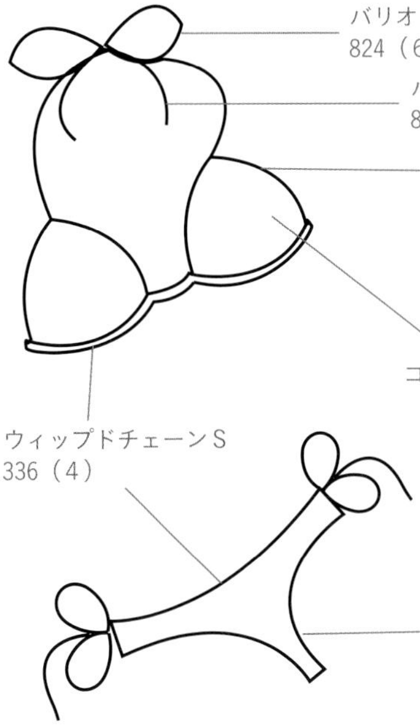
バリオンリングS
824（6）
バリオンS
824（6）
ウィップドバックS
336、BLANC（3）
コピックスケッチB05
ウィップドチェーンS
336（4）
ウィップドバックS
336、BLANC（3）

サテンS
336（6）
サテンS
3823（6）
ストレートS
434（6）
バックS
434（6）
コピックスケッチE33

Rattan Products Illustration

ラタンのイラスト

糸

DMC 25番糸：ECRU、BLANC、167、310、433、434、436、738、3031、3045
コスモ にしきいと：17

材料

綿生地、２㎜ビーズ

＊（　）内の数字は糸の本数です。
＊別の色で表示された線は該当のステッチで刺します。
＊Ｓは「ステッチ」の略です。

photo p.30-31

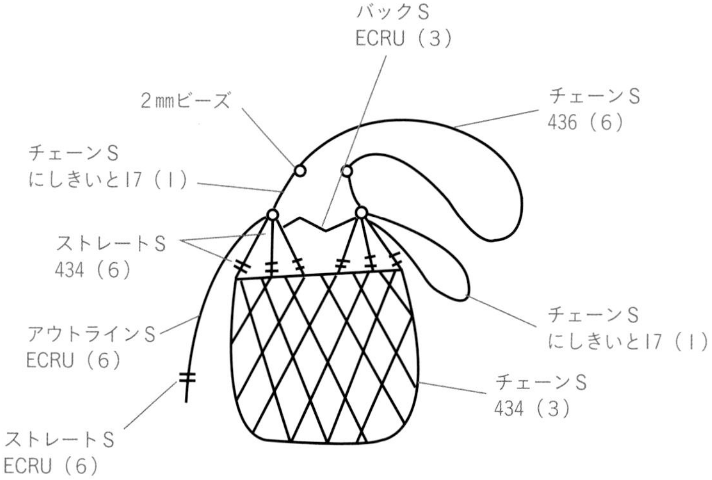

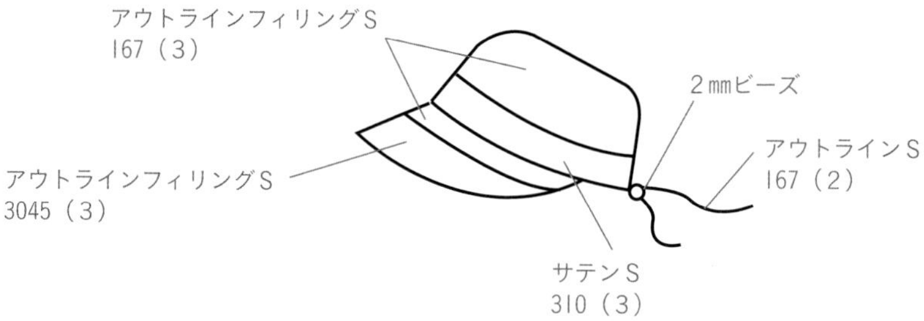

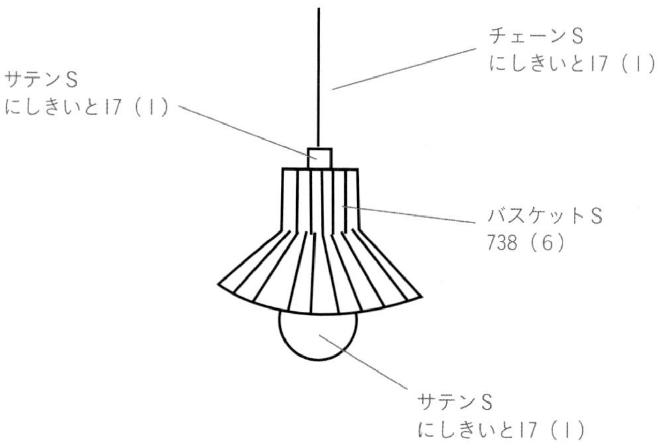

point

＊バスケットステッチの軸を作るときは、図案に描かれたラインの向きで刺します。バスケットステッチは、向きによって違う雰囲気を表現することができます。

チェーンS
436（6）
アウトラインS
ECRU（3）
アウトラインS
436（6）
2㎜ビーズ
ストレートS
ECRU（3）
チェーンS
433（3）
アウトラインS
433（3）
ブランケットホイールS
433（2）

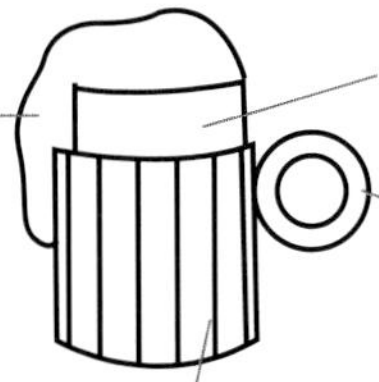
サテンS
BLANC（3）
2㎜ビーズ
オーバーキャストS
3031
中：アウトラインS（6）
外：サテンS（3）
バスケットS
433（6）

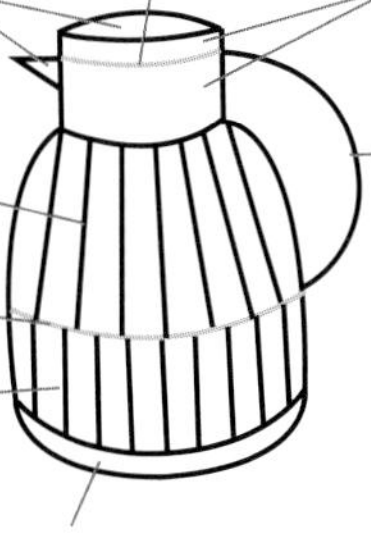
バックS
310（2）
サテンS
310（2）
サテンS
BLANC（3）
バスケットS
3045（6）
アウトラインS
3045（6）
アウトラインS
3045（6）
バスケットS
167（6）
アウトラインS
167（6）

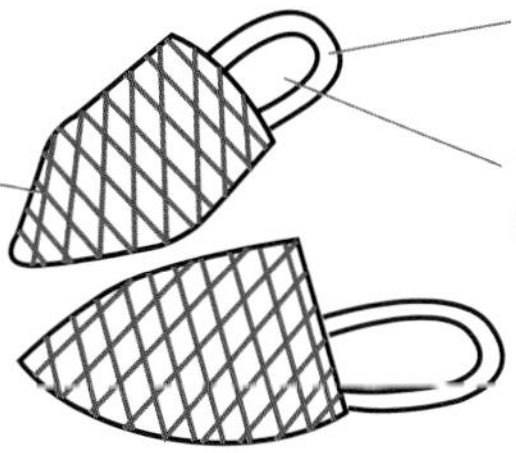
サテンS
310（2）
バスケットS
436（6）
図案のように
斜線の方向に刺す。
アウトラインS
ECRU（2）

Purple Flower Embroidered Sneakers

パープルでいっぱいの花刺繡スニーカー

糸

DMC 25番糸：26、35、224、553、3808、3835、3836

材料

２㎜ビーズ、スニーカー、指ぬき、水溶性の接着芯

＊（　）内の数字は糸の本数です。
＊別の色で表示された線は該当のステッチで刺します。
＊Sは「ステッチ」の略です。

photo p.32-33

スニーカー右足

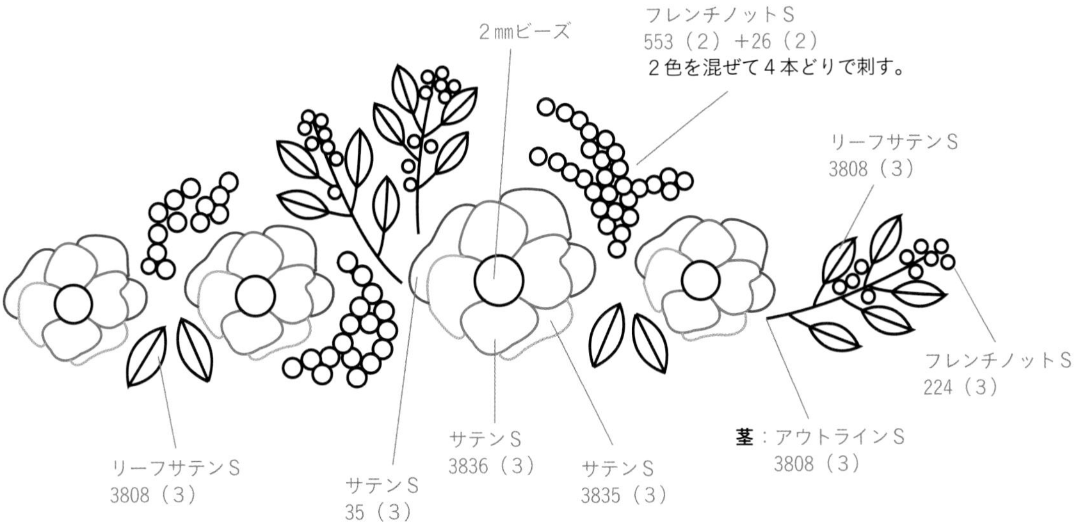

スニーカー左足

＊糸番号ごとに花びらの色を違う色で表示しています。

point

＊水溶性の接着芯を使うと、図案を直接スニーカーに写す手間が省け、かんたんに刺繍ができます。接着芯に図案を描き、動かないようにぐし縫いでスニーカーに固定してから刺しましょう。終わったあとは十分に水で濡らして芯が残らないようにしてください。

＊指ぬきを使うと、厚手のスニーカーでも楽に刺繍できます。

＊刺すときは靴紐をすべてはずすとやりやすくなります。

Autumn Vibes Illustration

秋のたたずまいのイラスト

糸

DMC 25番糸：351、434、738、801、841、922、3031、3371、3822
DMC 4番糸：2302、2840
デンマーク花糸：17、228、411、705、727

材料

綿生地、2㎜ビーズ、ウール糸専用針
コピックスケッチ：Y15、W3、C7、E11、E15、E33

＊（　）内の数字は糸の本数です。
＊刺繡をする前にまずマーカーで着色してください。コピックスケッチはにじみやすいため、図案の内側に塗ってにじみ具合を確かめてから残りの部分も丁寧に塗りましょう。
＊別の色で表示された線は該当のステッチで刺します。
＊Sは「ステッチ」の略です。

photo p.34-35

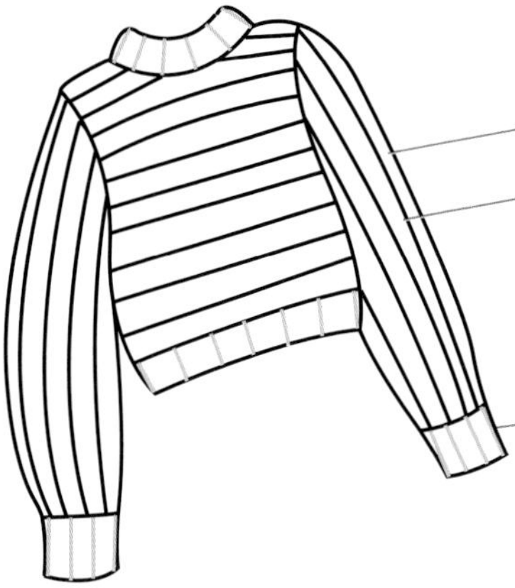

バックS
DMC４番糸 2840（1）

バックS
DMC４番糸 2302（1）
バックSのときは一目の間隔を
前列のバックSと同じにすると、
同じようなうねりができて模様のように見える。

ホイールS
デンマーク花糸411（3）

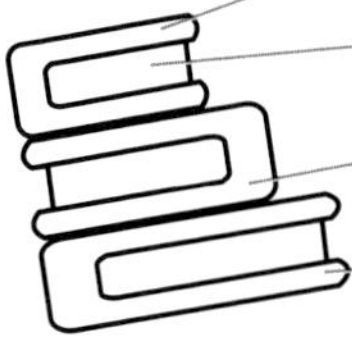

サテンS
デンマーク花糸228（2）

サテンS
738（3）

サテンS
デンマーク花糸705（2）

サテンS
デンマーク花糸411（2）

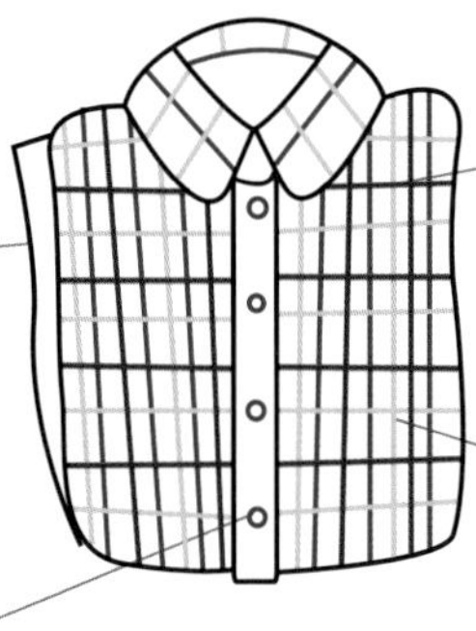

ストレートS
青：デンマーク花糸17（2）
黄：デンマーク花糸727（2）
茶色：デンマーク花糸705（2）
青→黄色→茶色の順で刺す。

バックS
801（2）

コピックスケッチ Y15

２㎜ビーズ

ロングアンドショートS
デンマーク花糸411（2）

ストレートS
デンマーク花糸411（2）

コピックスケッチ W3
サテンS
841（3）
サテンS
841（3）
バックS
3371（2）
ストレートS
3371（2）
コピックスケッチ E33
サテンS
3371（3）
コピックスケッチ C7
バックS
3031（2）
オーバーキャストS
3031
中：アウトラインS（6）
外：サテンS（6）

リーフサテンS
（6）
351（4）+922（2）
糸を混ぜて刺す。
リーフサテンS
（6）
3822（4）+922（2）
糸を混ぜて刺す。

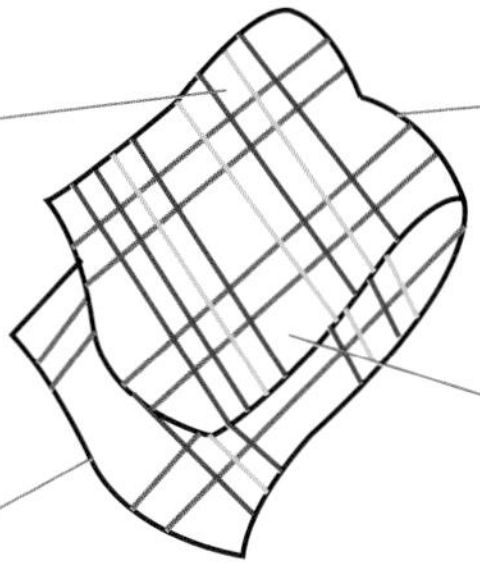
バックS
801（2）
ストレートS
空色：デンマーク花糸727（2）
茶色：デンマーク花糸705（2）
赤：デンマーク花糸411（2）
空色→茶色→赤の順で刺す。
コピックスケッチ E11
ターキーノットS
801（6）

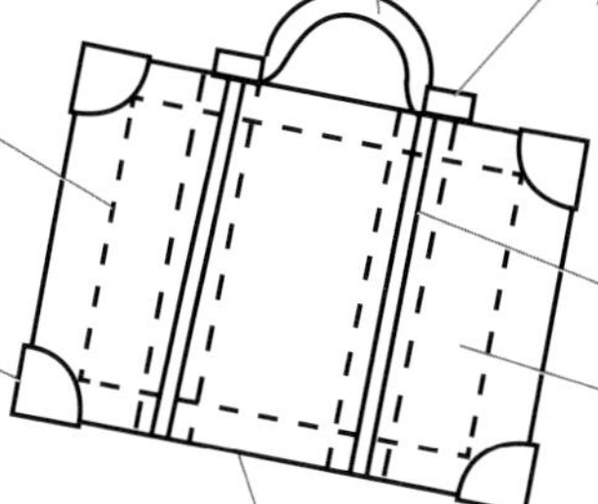
オーバーキャストS
434
中：アウトラインS（6）
外：サテンS（6）
サテンS
738（3）
ランニングS
デンマーク花糸727（2）
サテンS
801（3）
アウトラインS
801（3）
コピックスケッチ E15
バックS
801（2）

Retro Kettles

レトロなケトル

糸

DMC 25番糸：BLANC、437、500、3777、3781
コスモ にしきいと：31

材料

綿生地
コピックスケッチ：E31、G21、R02、W1

＊（　）内の数字は糸の本数です。
＊刺繍をする前にまずマーカーで着色してください。コピックスケッチはにじみやすいため、図案の内側に塗ってにじみ具合を確かめてから残りの部分も丁寧に塗りましょう。
＊Sは「ステッチ」の略です。

photo p.36-37

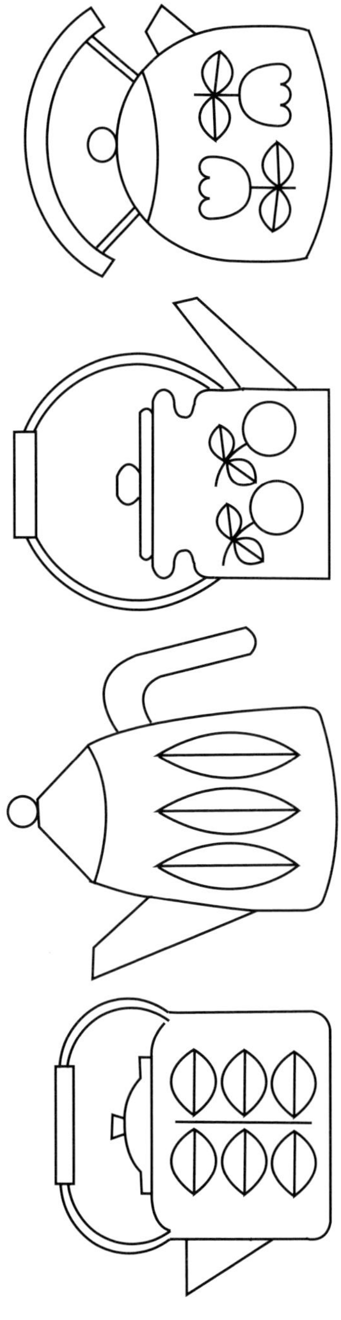

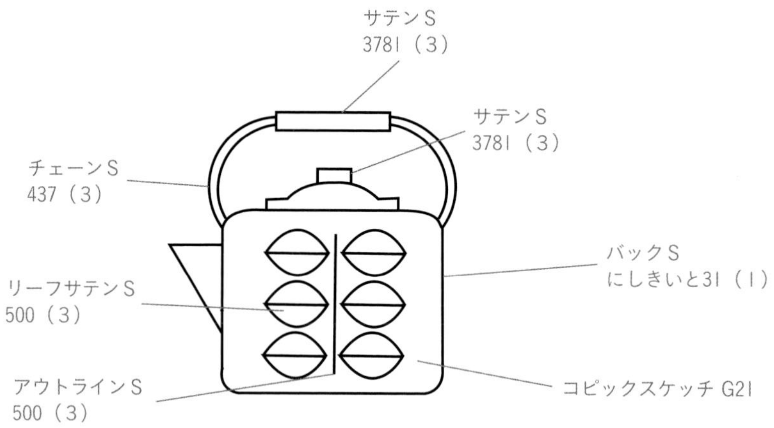
サテンS
3781（3）
サテンS
3781（3）
チェーンS
437（3）
バックS
にしきいと31（1）
リーフサテンS
500（3）
アウトラインS
500（3）
コピックスケッチ G21

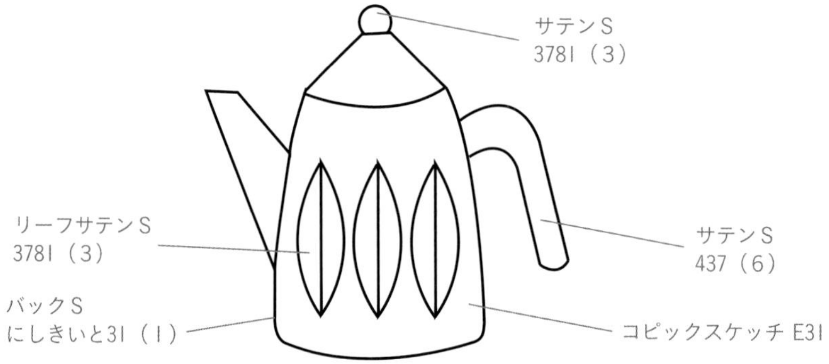
サテンS
3781（3）
リーフサテンS
3781（3）
サテンS
437（6）
バックS
にしきいと31（1）
コピックスケッチ E31

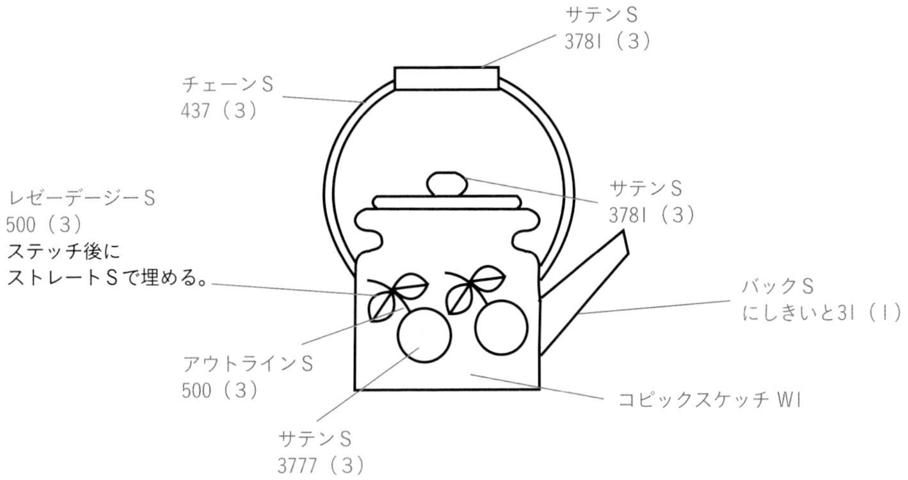
サテンS
3781（3）
チェーンS
437（3）
レゼーデージーS
500（3）
ステッチ後に
ストレートSで埋める。
サテンS
3781（3）
バックS
にしきいと31（1）
アウトラインS
500（3）
コピックスケッチ W1
サテンS
3777（3）

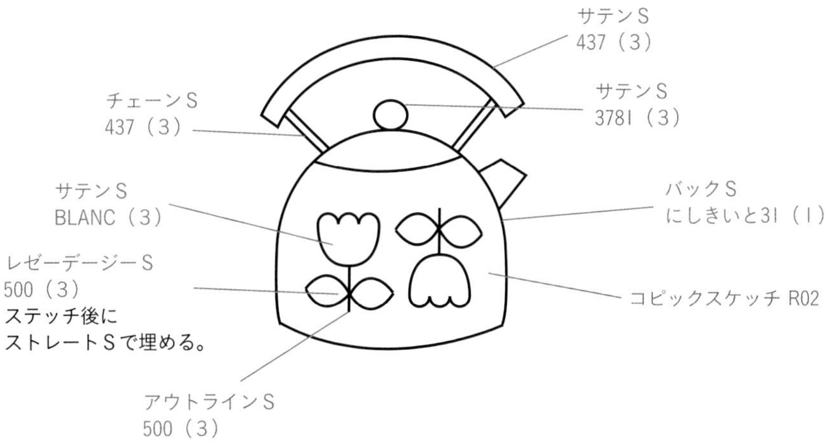
サテンS
437（3）
チェーンS
437（3）
サテンS
3781（3）
サテンS
BLANC（3）
バックS
にしきいと31（1）
レゼーデージーS
500（3）
ステッチ後に
ストレートSで埋める。
コピックスケッチ R02
アウトラインS
500（3）

Vintage Teacups

ヴィンテージのティーカップ

糸

DMC 25番糸：310、351、824、890、966、972、3731、3760、3808、3822、3841、3848
コスモ にしきいと：32

材料

綿生地
コピックスケッチ：B05、BG49、R24、RV34

＊（　）内の数字は糸の本数です。
＊刺繍をする前にまずマーカーで着色してください。コピックスケッチはにじみやすいため、図案の内側に塗ってにじみ具合を確めてから残りの部分も丁寧に塗りましょう。
＊別の色で表示された線は該当のステッチで刺します。
＊Sは「ステッチ」の略です。

photo p.38-39

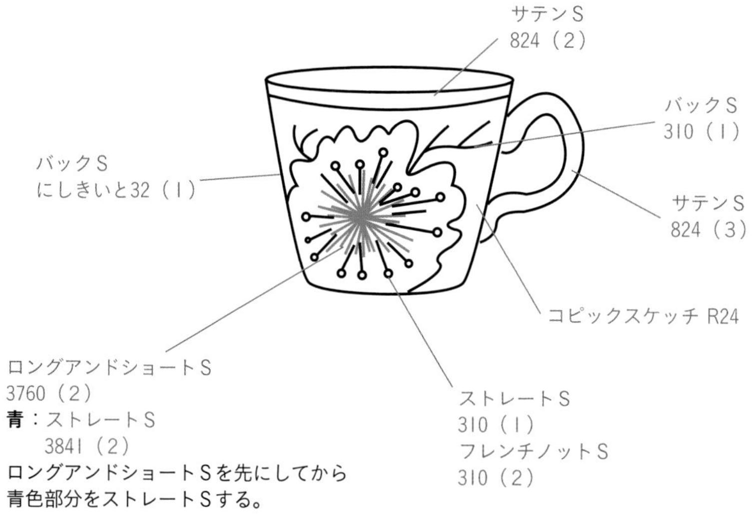
サテンS
824（2）
バックS
310（1）
バックS
にしきいと32（1）
サテンS
824（3）
コピックスケッチ R24
ロングアンドショートS
3760（2）
青：ストレートS
3841（2）
ロングアンドショートSを先にしてから
青色部分をストレートSする。
ストレートS
310（1）
フレンチノットS
310（2）

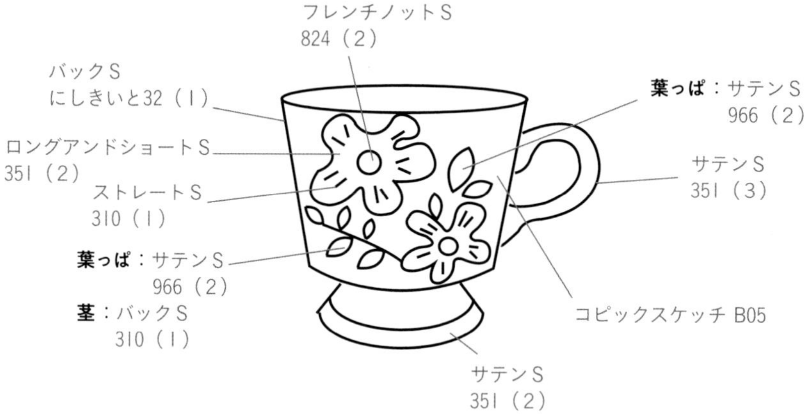
フレンチノットS
824（2）
バックS
にしきいと32（1）
葉っぱ：サテンS
966（2）
ロングアンドショートS
351（2）
サテンS
351（3）
ストレートS
310（1）
葉っぱ：サテンS
966（2）
茎：バックS
310（1）
コピックスケッチ B05
サテンS
351（2）

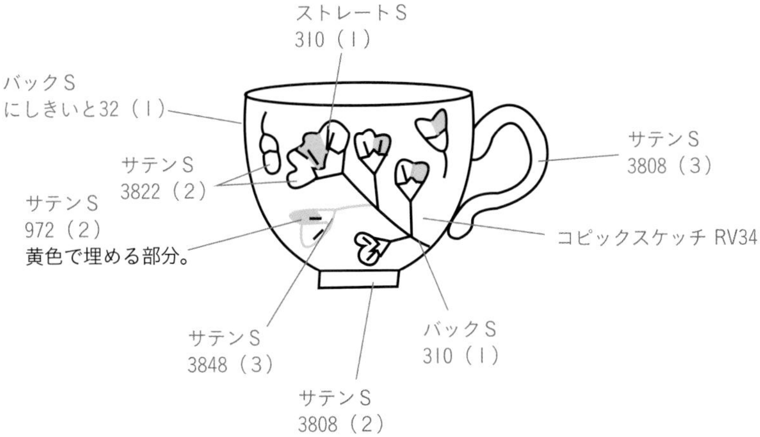

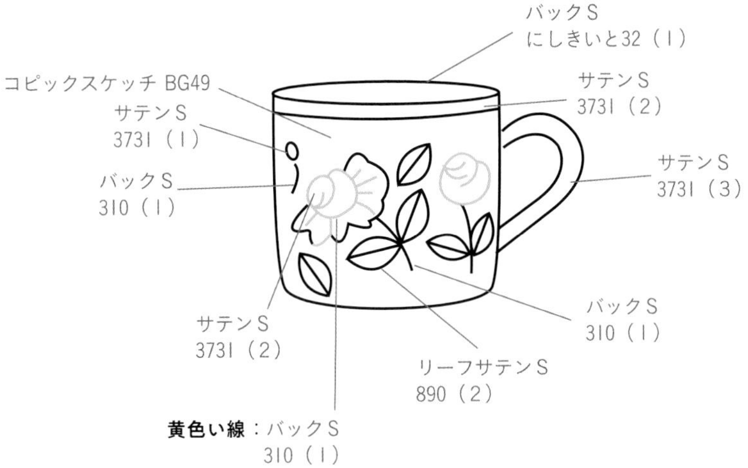

バックSがしづらい短い線はストレートSで刺す。

Bridegroom Illustration

メンズウェディングのイラスト

糸

DMC 25番糸：BLANC、5、28、310、317、436、535、738、898、930、931、3051、3781
コスモ にしきいと：23、32
コスモ ラメ糸：col. 1 、col. 7

材料

綿生地、２㎜ビーズ、竹ビーズ

＊（　）内の数字は糸の本数です。
＊別の色で表示された線は該当のステッチで刺します。
＊Ｓは「ステッチ」の略です。

photo p.40-41

アウトラインS
にしきいと32（1）
サテンS
436（3）
サテンS
にしきいと32（1）
アウトラインS
にしきいと32（1）
バスケットS
436（4）
香水瓶に刻まれた線のように
真っすぐにバスケットSをする。

リーフサテンS
3051（3）
バリオンローズS
931（6）
ストレートS
BLANC（1）
リボンをすべてサテンSしたあと
黄色い線で表示された部分をステッチする。
2mmビーズ
バリオンリングS
28（6）
サテンS
310（3）
サテンS
898（3）

サテンS
コスモ ラメcol.1（1）
竹ビーズ
2mmビーズ
チェーンS
310（3）
チェーンSですべて埋めてから
上に竹ビーズをつける。
サテンS
コスモ ラメcol.7（1）
サテンS
にしきいと23（1）

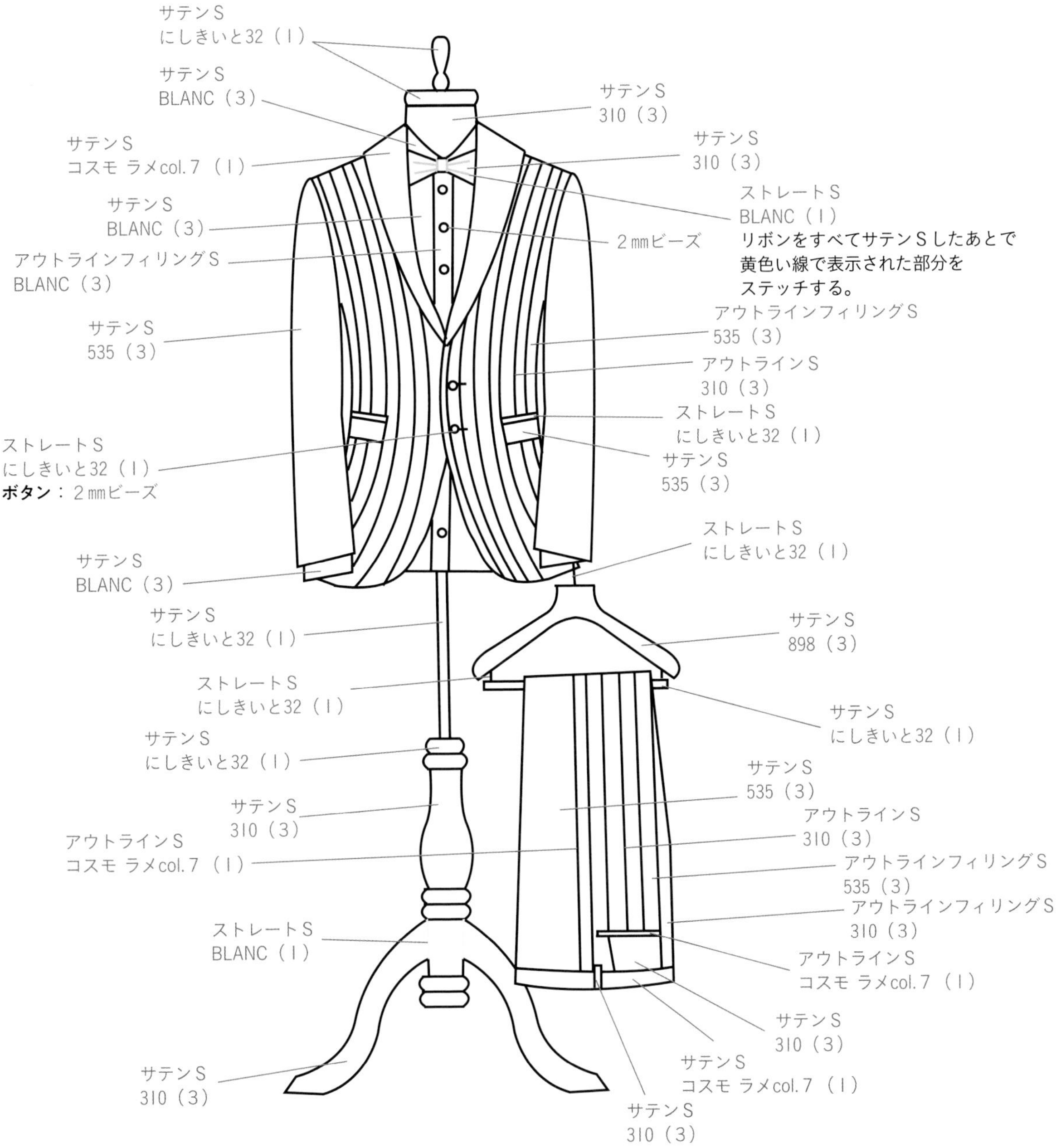
サテンS
にしきいと32（1）
サテンS
BLANC（3）
サテンS
310（3）
サテンS
コスモ ラメcol.7（1）
サテンS
310（3）
サテンS
BLANC（3）
ストレートS
BLANC（1）
リボンをすべてサテンSしたあとで
黄色い線で表示された部分を
ステッチする。
2mmビーズ
アウトラインフィリングS
BLANC（3）
サテンS
535（3）
アウトラインフィリングS
535（3）
アウトラインS
310（3）
ストレートS
にしきいと32（1）
ストレートS
にしきいと32（1）
ボタン：2mmビーズ
サテンS
535（3）
ストレートS
にしきいと32（1）
サテンS
BLANC（3）
サテンS
にしきいと32（1）
サテンS
898（3）
ストレートS
にしきいと32（1）
サテンS
にしきいと32（1）
サテンS
にしきいと32（1）
サテンS
535（3）
サテンS
310（3）
アウトラインS
310（3）
アウトラインS
コスモ ラメcol.7（1）
アウトラインフィリングS
535（3）
アウトラインフィリングS
310（3）
ストレートS
BLANC（1）
アウトラインS
コスモ ラメcol.7（1）
サテンS
310（3）
サテンS
310（3）
サテンS
コスモ ラメcol.7（1）
サテンS
310（3）

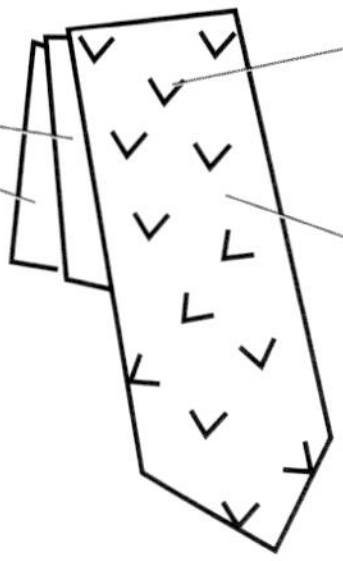
サテンS
930（3）
ストレートS
738（3）
バックフィリングSでネクタイの面を
すべて埋めたあとで上から刺す。
バックフィリングS
930（3）

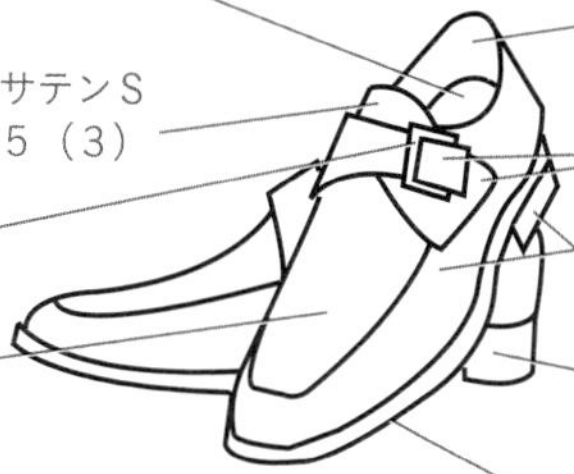
サテンS
436（3）
サテンS
898（3）
サテンS
5（3）
サテンS
3781（3）
ストレートS
にしきいと32（1）
サテンS
3781（3）
バックフィリングS
5（3）
サテンS
310（3）
アウトラインS
310（3）

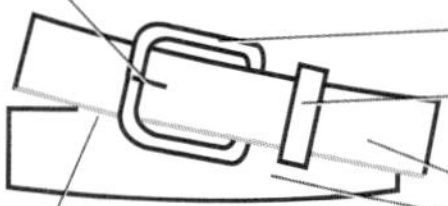
ストレートS
にしきいと32（1）
チェーンS
にしきいと32（1）
サテンS
にしきいと32（1）
サテンS
898（3）
ストレートS
BLANC（1）

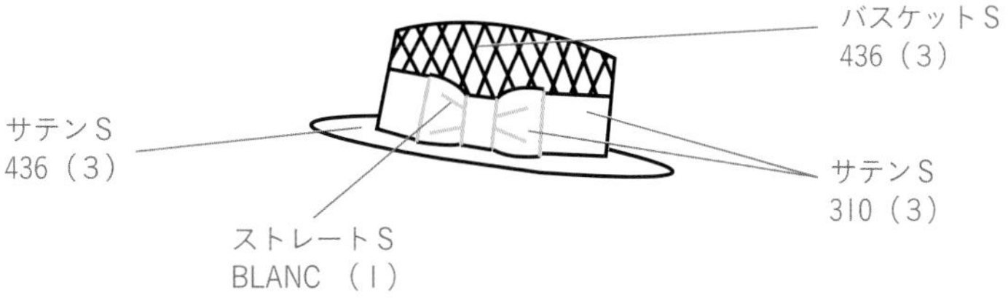
バスケットS
436（3）
サテンS
436（3）
サテンS
310（3）
ストレートS
BLANC（1）

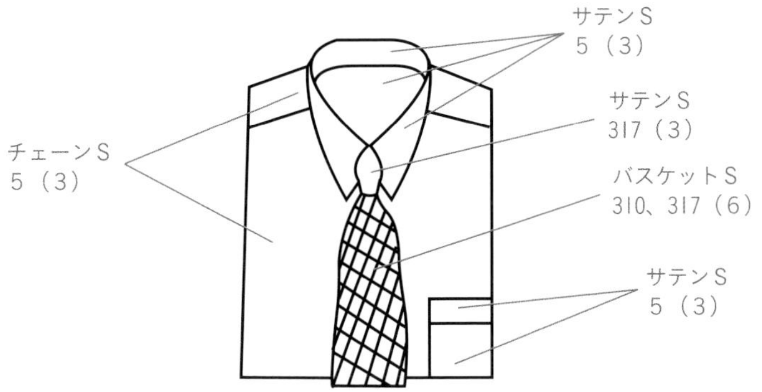
サテンS
5（3）
サテンS
317（3）
チェーンS
5（3）
バスケットS
310、317（6）
サテンS
5（3）

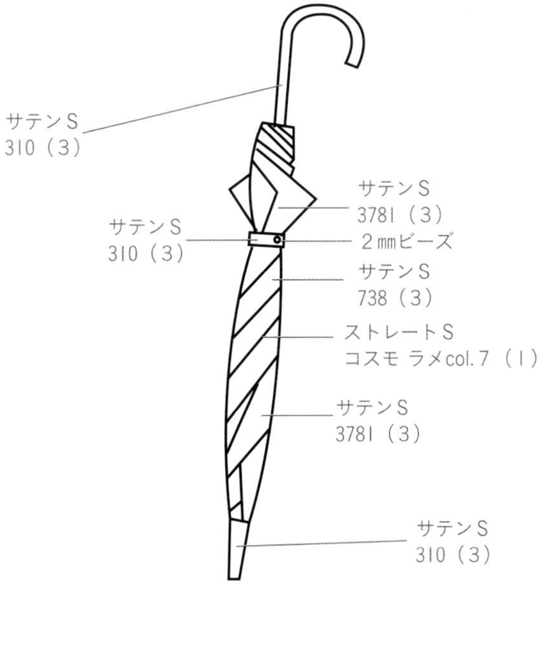
サテンS
310（3）
サテンS
3781（3）
サテンS
310（3）
２㎜ビーズ
サテンS
738（3）
ストレートS
コスモ ラメcol.7（1）
サテンS
3781（3）
サテンS
310（3）

Christmas Card

クリスマスカード

糸

DMC 25番糸：ECRU、3371
アップルトン ウール刺繍糸：158、991

材料

リネン、３㎜ビーズ、紙（厚さのあるもの）、スティックのり、両面テープ、アルファベットのスタンプ

＊（　）内の数字は糸の本数です。
＊Sは「ステッチ」の略です。

photo p.42-43

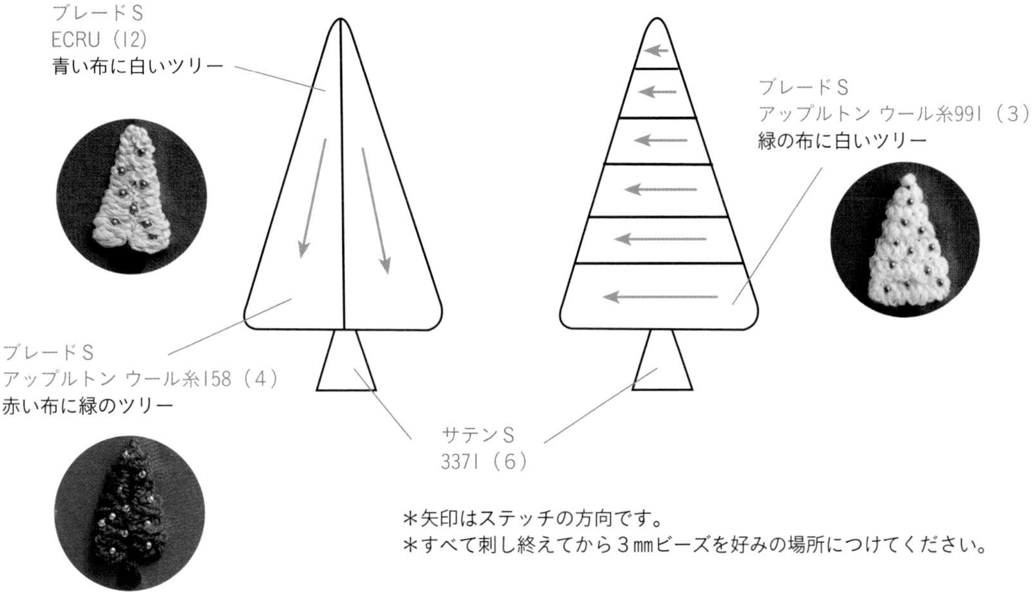

＊矢印はステッチの方向です。
＊すべて刺し終えてから3㎜ビーズを好みの場所につけてください。

＊HOW TO

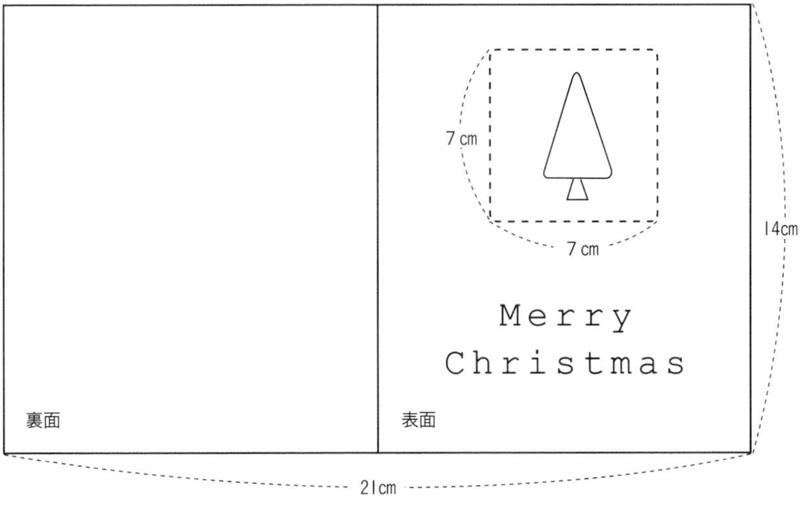

1. リネンに刺繍をする。
2. 刺繍が真ん中に来るように、布を横10cm、縦10cmにカットする。
3. やや厚みのある紙を用意し、カードのサイズに合わせてカットする。
4. 刺繍が見えるように、カード表面の紙の中央に点線のサイズの小窓を作る。
5. 小窓から見えるように刺繍を配置する。
6. 布とカードが接する部分にスティックのりをつけ貼る。
7. 10.5cm x 14cmのサイズの紙を準備し、刺繍の裏が見えないようにスティックのりか両面テープで貼りあわせる。
8. アルファベットのスタンプで好きなフレーズを押す。

Snowy Village

雪の降る村

糸

DMC 25番糸：BLANC、ECRU、158、163、169、300、301、309、310、319、347、413、414、469、500、502、518、523、580、610、677、727、730、733、739、742、780、823、890、895、918、924、931、934、937、938、3041、3051、3712、3776、3781、3782、3808、3824、3830、3838、3848、3858、3864
アップルトン ウール刺繍糸：991
DMC ラメ糸：282A、283A

材料

綿生地

＊（　）内の数字は糸の本数です。
＊別の色で表示された線は該当のステッチで刺します。
＊Sは「ステッチ」の略です。

photo p.44-45

実物大図案は、本書の最後の別紙にあります。

＊DETAIL

・ロングアンドショートステッチでツリーを刺すときは、ランダムに針を運ぶ。
一般的なロングアンドショートステッチより長い針目で刺す。針を出すときは、先に刺した糸をかき分けるようにして刺す。方向は上から下へ、自然な流れで刺す。

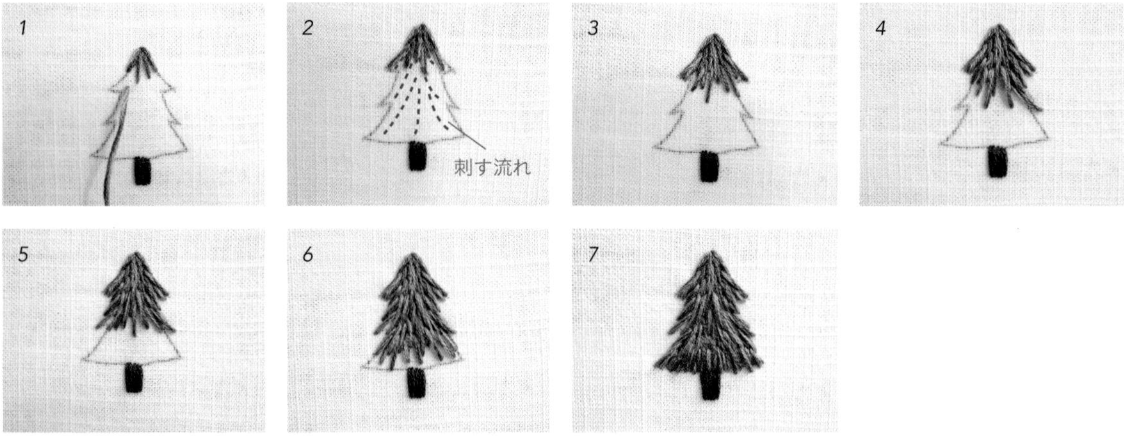

point

＊ブレードステッチで道に積もった雪を刺すときは、糸を引きすぎずにゆるく巻いてラフに刺し、積もった雪をナチュラルに表現しましょう。

＊木を刺すときは、幹の部分を先にサテンステッチしてから上の部分に進みます。ロングアンドショートステッチの針目は長めにしましょう。 DETAILの説明写真を参考にしてください。

＊窓枠は、窓をすべてサテンステッチした後でストレートステッチをします。

＊バックフィリングステッチで家を埋める場合、バックステッチの針目の間隔が狭いところはサテンステッチで埋めます。

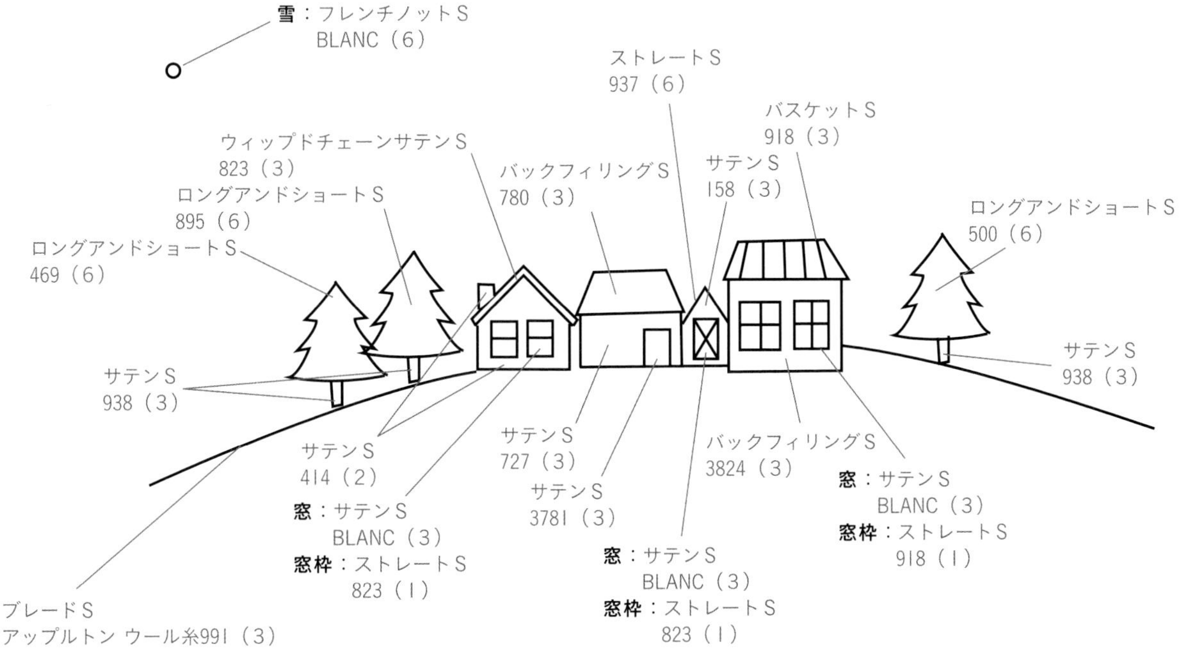
雪：フレンチノットS
BLANC（6）
ストレートS
937（6）
バスケットS
918（3）
ウィップドチェーンサテンS
823（3）
バックフィリングS
780（3）
サテンS
158（3）
ロングアンドショートS
895（6）
ロングアンドショートS
469（6）
ロングアンドショートS
500（6）
サテンS
938（3）
サテンS
938（3）
サテンS
414（2）
サテンS
727（3）
バックフィリングS
3824（3）
窓：サテンS
BLANC（3）
窓枠：ストレートS
918（1）
サテンS
3781（3）
窓：サテンS
BLANC（3）
窓枠：ストレートS
823（1）
窓：サテンS
BLANC（3）
窓枠：ストレートS
823（1）
ブレードS
アップルトン ウール糸991（3）

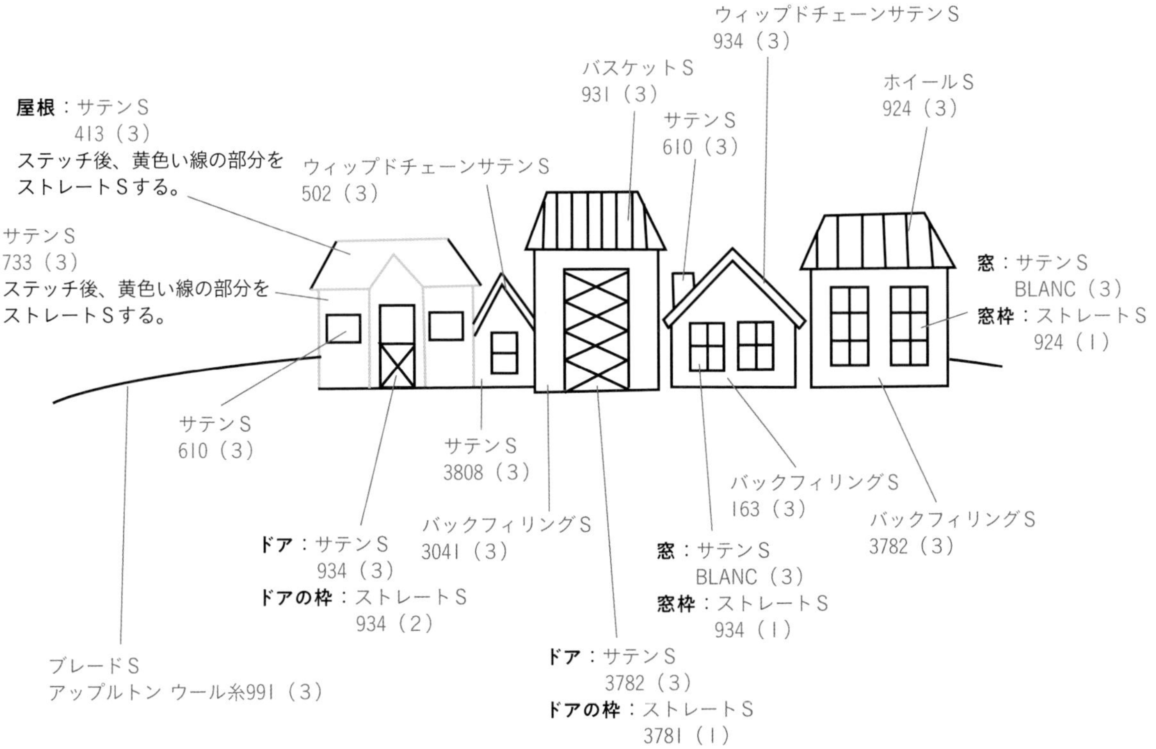
ウィップドチェーンサテンS
934（3）
バスケットS
931（3）
ホイールS
924（3）
サテンS
610（3）
屋根：サテンS
413（3）
ステッチ後、黄色い線の部分を
ストレートSする。
ウィップドチェーンサテンS
502（3）
サテンS
733（3）
ステッチ後、黄色い線の部分を
ストレートSする。
窓：サテンS
BLANC（3）
窓枠：ストレートS
924（1）
サテンS
610（3）
サテンS
3808（3）
バックフィリングS
163（3）
バックフィリングS
3782（3）
バックフィリングS
3041（3）
ドア：サテンS
934（3）
ドアの枠：ストレートS
934（2）
窓：サテンS
BLANC（3）
窓枠：ストレートS
934（1）
ブレードS
アップルトン ウール糸991（3）
ドア：サテンS
3782（3）
ドアの枠：ストレートS
3781（1）

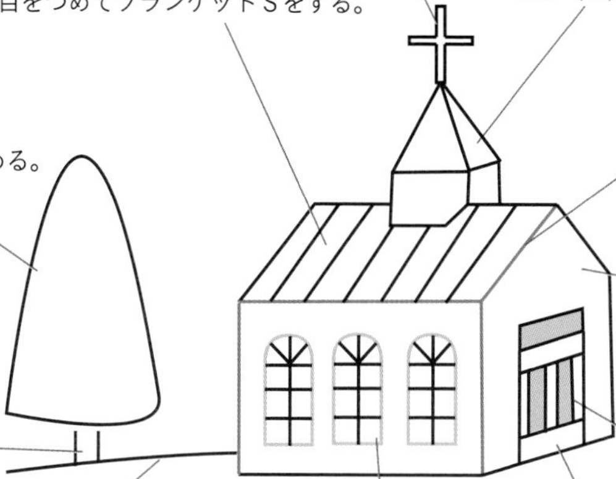
サテンS
300（2）
ブランケットS
301（3）
目をつめてブランケットSをする。
ブランケットS
301（3）
ウィップドチェーンサテンS
ECRU（3）
フレンチノットS
319（6）、3051（6）、937（6）
3種類の色を交互に刺しながら埋める。
バックフィリングS
518（3）
サテンS
938（3）
ピンクの面：チェーンS
309（3）
白いスペース：サテンS
309（3）
ブレードS
アップルトン ウール糸991（3）
窓のライン（黄色い線）：ウィップドチェーンサテンS
ECRU（2）
窓：サテンS
169（3）
窓枠：ストレートS
ECRU（1）
窓のライン→窓→窓枠の順で刺す。

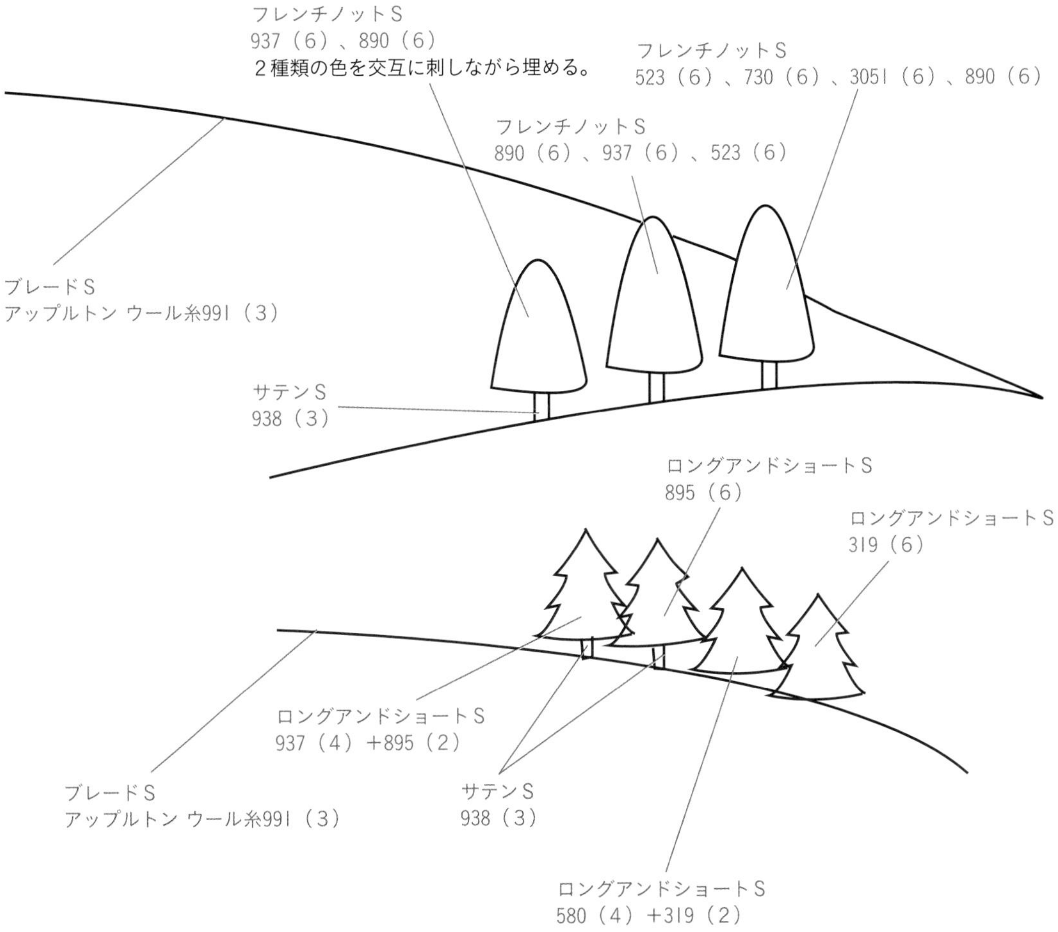
フレンチノットS
937（6）、890（6）
2種類の色を交互に刺しながら埋める。
フレンチノットS
523（6）、730（6）、3051（6）、890（6）
フレンチノットS
890（6）、937（6）、523（6）
ブレードS
アップルトン ウール糸991（3）
サテンS
938（3）
ロングアンドショートS
895（6）
ロングアンドショートS
319（6）
ロングアンドショートS
937（4）+895（2）
ブレードS
アップルトン ウール糸991（3）
サテンS
938（3）
ロングアンドショートS
580（4）+319（2）

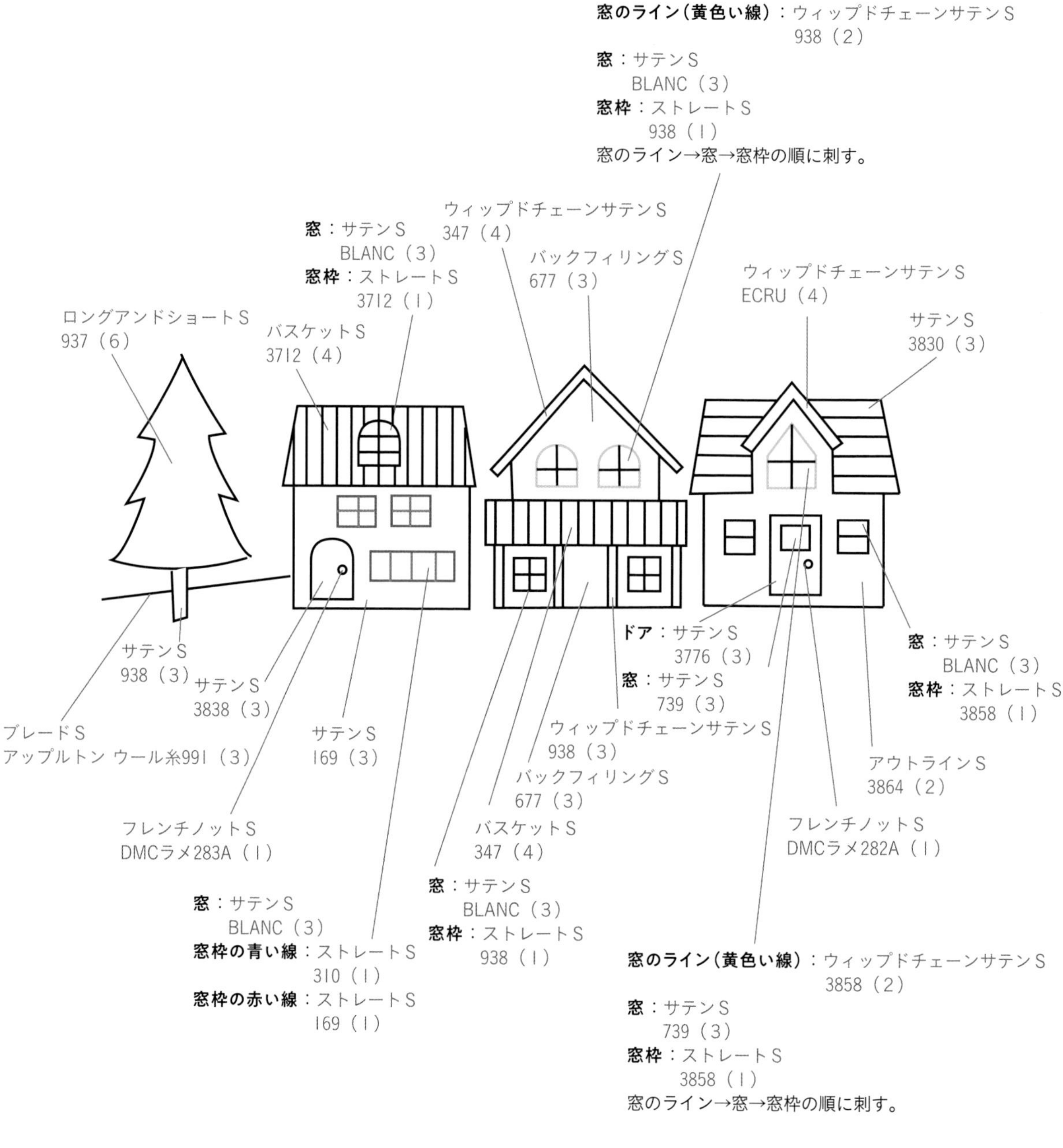
窓のライン（黄色い線）：ウィップドチェーンサテンS
938（2）
窓：サテンS
BLANC（3）
窓枠：ストレートS
938（1）
窓のライン→窓→窓枠の順に刺す。
ウィップドチェーンサテンS
347（4）
バックフィリングS
677（3）
窓：サテンS
BLANC（3）
窓枠：ストレートS
3712（1）
ウィップドチェーンサテンS
ECRU（4）
サテンS
3830（3）
ロングアンドショートS
937（6）
バスケットS
3712（4）
サテンS
938（3）
サテンS
3838（3）
ブレードS
アップルトン ウール糸991（3）
サテンS
169（3）
ドア：サテンS
3776（3）
窓：サテンS
739（3）
ウィップドチェーンサテンS
938（3）
バックフィリングS
677（3）
窓：サテンS
BLANC（3）
窓枠：ストレートS
3858（1）
アウトラインS
3864（2）
フレンチノットS
DMCラメ283A（1）
バスケットS
347（4）
フレンチノットS
DMCラメ282A（1）
窓：サテンS
BLANC（3）
窓枠の青い線：ストレートS
310（1）
窓枠の赤い線：ストレートS
169（1）
窓：サテンS
BLANC（3）
窓枠：ストレートS
938（1）
窓のライン（黄色い線）：ウィップドチェーンサテンS
3858（2）
窓：サテンS
739（3）
窓枠：ストレートS
3858（1）
窓のライン→窓→窓枠の順に刺す。

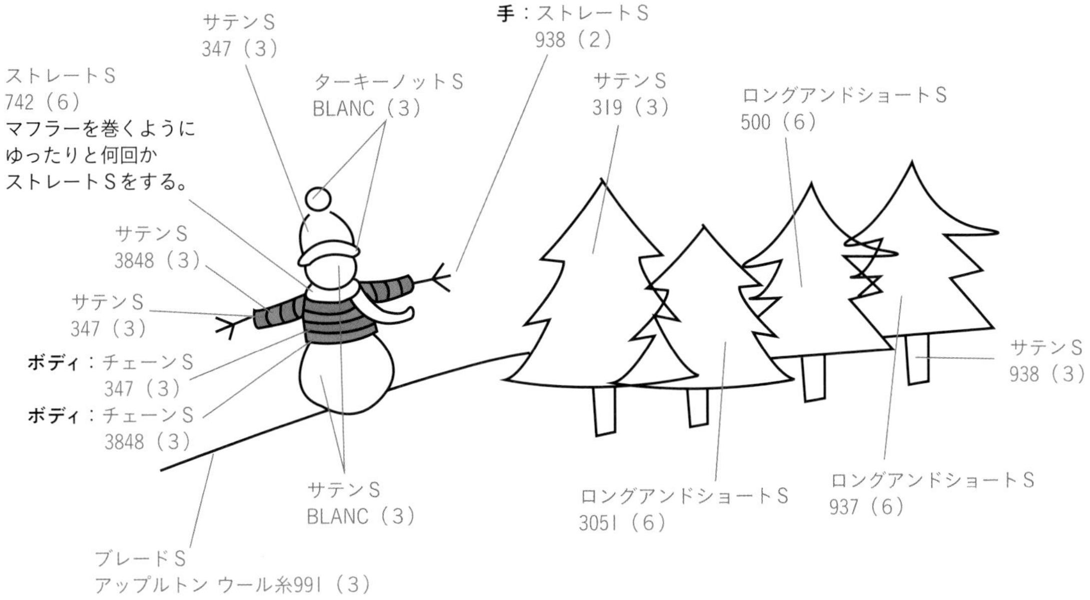
サテンS
347（3）
手：ストレートS
938（2）
ストレートS
742（6）
マフラーを巻くように
ゆったりと何回か
ストレートSをする。
ターキーノットS
BLANC（3）
サテンS
319（3）
ロングアンドショートS
500（6）
サテンS
3848（3）
サテンS
347（3）
ボディ：チェーンS
347（3）
ボディ：チェーンS
3848（3）
サテンS
938（3）
サテンS
BLANC（3）
ロングアンドショートS
3051（6）
ロングアンドショートS
937（6）
ブレードS
アップルトン ウール糸991（3）

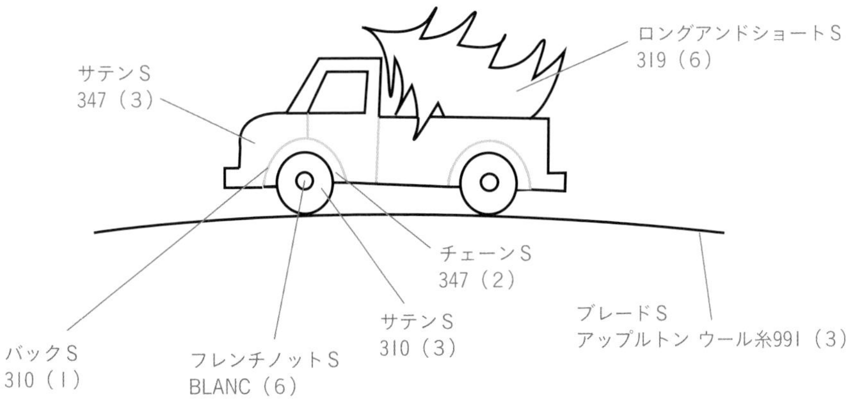
ロングアンドショートS
319（6）
サテンS
347（3）
チェーンS
347（2）
サテンS
310（3）
ブレードS
アップルトン ウール糸991（3）
バックS
310（1）
フレンチノットS
BLANC（6）

박동미　パク・ドンミ

joy stitch

暮らしの道具、ファッション、自然などをモチーフに、楽しさと新鮮さをもたらす刺繍を続ける。イギリスの雑誌『Be Creative with Workbox』、イタリアの雑誌『Giuliana Ricama』などに紹介され、企業とのコラボも。現在、「ジョイステッチ」刺繍クラスを運営。
Instagram/ @joystitch_
blog.naver.com/jsslove82

訳　小山内園子

東北大学教育学部卒業。NHK報道局ディレクターを経て、延世大学などで韓国語を学ぶ。訳書にはイ・ミンギョン『私たちにはことばが必要だ フェミニストは黙らない』（共訳）、ク・ビョンモ『四隣人の食卓』、カン・ファギル『別の人』ほか多数。

日本語版デザイン　三上祥子（Vaa）
校正　ディクション

＊掲載の材料情報は2020年11月現在のものです。

joystitchの暮らしを彩る可愛い刺繍

2021年11月20日　初版印刷
2021年11月30日　初版発行

著　者　パク・ドンミ
訳　者　小山内園子
発行者　小野寺優
発行所　株式会社河出書房新社
〒151-0051　東京都渋谷区千駄ヶ谷2-32-2
電話　03-3404-1201（営業）
03-3404-8611（編集）
https://www.kawade.co.jp/
印刷・製本　凸版印刷株式会社

Printed in Japan
ISBN978-4-309-28933-5

実物大図案
〈p.129　雪の降る村〉